RESIDENCIA AMERICANA

Guía para obtener tu residencia legal
en Estados Unidos

Contenido adicional en:

nuevosamericanos.com

Recursos útiles,
multimedia e interactivos,
sobre el contenido de nuestros libros:
Residencia americana y
Ciudadanía americana.

La información proporcionada en este libro no constituye una asesoría legal.
No asumimos ninguna responsabilidad legal por cualquier información, producto o proceso
discutido en este libro. Usted puede pedir asesoría legal a un abogado licenciado o a una agencia
sin fines de lucro acreditada por la Junta de Apelaciones de Casos de Inmigración.

La ley de inmigración es compleja y puede que la información que proporcionamos en este libro no
aborde completamente su situación. Lo exhortamos a que lea las instrucciones de los formularios
del USCIS para más información acerca de los requisitos estatutarios, regulatorios y legales.

Los contenidos de este libro fueron adaptados y se basan en los contenidos de la página web del
USCIS: https://www.uscis.gov/.
Visite https://www.uscis.gov/ si desea profundizar en alguna información.

La editorial no se responsabiliza por los sitios Web (o su contenido)
que no son de su propiedad.

Penguin
Random House
Grupo Editorial

Primera edición: agosto de 2024

© 2024, Inglés en 100 Días (TriAltea USA, L.C.)
© 2024 Penguin Random House Grupo Editorial USA, LLC
8950 SW 74th Court, Suite 2010
Miami, FL 33156

Diseño de cubierta: Natalia Urbano
Diseño de interiores: Mariana Valladares
Edición: Adriana Narváez
Ilustraciones:
Bandera: vka/ shutterstock
Icono recuerde: popicon/ shutterstock

Impreso en Colombia / Printed in Colombia

ISBN: 979-8-89098-094-6

24 25 26 27 28 29 30 10 9 8 7 6 5 4 3 2 1

Introducción

La guía que tiene en sus manos es un recurso completo y actualizado para inmigrantes que desean obtener una *Green Card* en los Estados Unidos. Ofrece información valiosa y consejos prácticos para quienes buscan la residencia permanente en los Estados Unidos.

Equivocarse y cometer un error al iniciar el proceso legal puede provocar retrasos y arruinar sus posibilidades de lograr la residencia legal permanente en Estados Unidos. El sistema de inmigración de Estados Unidos es complejo y burocrático, por lo que es clave que se documente bien antes de intentar solicitar una *Green Card*.

Este libro proporciona una visión detallada del proceso de solicitud de la tarjeta de residencia, incluyendo criterios de elegibilidad, documentación requerida y orientación paso a paso. Explica las diversas categorías de tarjetas de residencia, desde opciones patrocinadas por familia o basadas en empleo hasta la lotería de visas de diversidad y categorías especiales. Además, revela el proceso de entrevista, y prepara para mantener el estatus legal, lidiar con retrasos y negaciones, y encontrar apoyo legal.

Todas las actualizaciones de la información contenida en este libro y sobre cualquier aspecto relacionado con la residencia permanente en Estados Unidos se pueden encontrar en el sitio web nuevosamericanos.com

Índice

Visite nuestra página web.

Capítulo 1
QUÉ ES LA *GREEN CARD* Y CÓMO SOLICITARLA

En las próximas páginas conocerá qué es la *Green Card*, Tarjeta Verde o Tarjeta de Residente Permanente. Además, podrá informarse acerca de lo que deberá tener en cuenta antes de aplicar a la residencia legal en Estados Unidos para, de este modo, aspirar a obtener la deseada autorización para residir legalmente –y de forma permanente– en los Estados Unidos de América.

Comprenderá en detalle qué es exactamente la *Green Card*, su importancia y las diversas formas en que puede solicitarla. Obtendrá información valiosa y paso a paso sobre cómo iniciar la solicitud de la *Green Card*. Si su objetivo es reunirse con su familia, adquirir la *Green Card* a través de un empleo o explorar otras vías, aquí encontrará la orientación necesaria para dar el primer paso hacia su sueño americano.

La *Green Card*

Uno de los primeros pasos en la travesía hacia la comprensión del sistema de inmigración de los Estados Unidos es entender con exactitud qué es una *Green Card*.

La *Green Card*, o Tarjeta de Residente Permanente, es un **documento** de vital importancia para millones de personas alrededor del mundo que sueñan con vivir en los Estados Unidos. Este documento oficial, emitido por el Servicio de Ciudadanía e Inmigración de los Estados Unidos (USCIS por sus siglas en inglés), **permite a su titular vivir legalmente en el país** como un residente permanente. Ser titular de una *Green Card* no solo significa tener la autorización para vivir y trabajar en los Estados Unidos, sino también acceder a una serie de derechos y responsabilidades bajo las leyes del país.

Obtener una *Green Card* es el sueño de muchos, pues representa la puerta de entrada a oportunidades ilimitadas de trabajo, educación y una mejor calidad de vida. Además, es el primer paso esencial para aquellos que deseen convertirse en ciudadanos estadounidenses, ya que permite ingresar en el camino de la naturalización.

El nombre oficial para la *Green Card* es la **Tarjeta de Residente Permanente o Formulario I-551**. La denominación *Green Card* se originó a partir del color verde del documento físico que solía emitirse como evidencia de residencia legal permanente en los Estados Unidos. Introducido en 1940, este documento solía ser una tarjeta de tamaño similar a una de crédito y tenía un diseño verde distintivo.

La referencia al **color verde** se arraigó en el léxico común y se convirtió en un término coloquial para describir la tarjeta de residencia permanente. A pesar del transcurso de los años, los cambios en el **diseño** del documento y la transición hacia una tarjeta con características más modernas y seguras, el término *Green Card* ha perdurado y continúa siendo ampliamente utilizado para referirse a la tarjeta de residencia permanente de los Estados Unidos.

Frente y dorso de la Green Card.

Ser poseedor de una *Green Card* también implica **responsabilidades**. Los residentes permanentes deben obedecer las leyes federales, estatales y locales de los Estados Unidos. Además, están sujetos a impuestos sobre su ingreso global y deben mantener su residencia en Estados Unidos como su hogar permanente.

RESIDENCIA AMERICANA

Es clave entender que existen diferentes categorías bajo las cuales una persona puede calificar para una *Green Card*, incluyendo vínculos familiares, empleo, asilo o estatus de refugiado, entre otros. Cada categoría tiene un conjunto específico de requisitos y procedimientos que deben seguirse cuidadosamente.

 Importante

El **objetivo** en este libro es desglosar estos procesos, hacerlos comprensibles y accesibles, y **guiarlo** paso a paso hacia la obtención de su *Green Card*. Aprenderá en detalle cada aspecto de la *Green Card*, desde los criterios de elegibilidad hasta el proceso de solicitud, mantenimiento de estatus y, finalmente, la transición hacia la ciudadanía. Con este conocimiento, estará mejor preparado para enfrentar el proceso de inmigración, con **información precisa y estrategias efectivas**.

Se usan indistintamente los términos *Green Card*, Tarjeta Verde o Tarjeta de Residente Permanente para referirnos al documento también conocido como Formulario I-551, que emite el USCIS a un extranjero al que se le ha concedido autorización de Admisión Legal para Residencia Permanente (LAPR, por sus siglas en inglés, *Lawfully Admitted for Permanent Residence*).

Beneficios de tener una *Green Card*

Los poseedores de una *Green Card* disfrutan de estos beneficios:

- **Derecho a vivir permanentemente en Estados Unidos**. Los residentes pueden hacer de Estados Unidos su hogar permanente y vivir en cualquier estado del país.

- **Oportunidades de empleo**. Pueden trabajar en cualquier empresa en Estados Unidos, excepto en algunos empleos que están restringidos a ciudadanos por razones de seguridad nacional.

- **Educación**. Tienen acceso a la educación pública y la posibilidad de solicitar becas y otros tipos de ayuda financiera.

- **Reunificación familiar**. Pueden solicitar que ciertos miembros de la familia inmigren a Estados Unidos.

○ **Protección legal**. Gozan de las protecciones legales y derechos que la Constitución y las leyes de Estados Unidos otorgan, como el acceso a los tribunales.

○ **Camino a la ciudadanía**. Después de cumplir con ciertos criterios, incluyendo el tiempo de residencia y otros requisitos, pueden optar por la naturalización para convertirse en ciudadanos estadounidenses.

Cómo solicitar la Tarjeta de Residente Permanente

Toda persona que desee iniciar el proceso de solicitud de la *Green Card* debe formularse previamente estas dos preguntas y analizar sus respuestas:

① ¿Es usted elegible para presentar una solicitud?

Si usted desea ser residente legal permanente en Estados Unidos, debe calificar entre las distintas posibilidades que establecen las leyes de inmigración estadounidenses para solicitar una *Green Card*, a saber:

○ **Por familia**. Muchas personas se vuelven elegibles a través de la **reunificación familiar**, ya sea como cónyuges, hijos, o ciertos familiares de ciudadanos estadounidenses o de residentes permanentes legales.

○ **Por empleo**. Algunos pueden obtener una *Green Card* a través de una **oferta de trabajo o inversión** en Estados Unidos, especialmente si su trabajo es de gran demanda o si son inversionistas que contribuirán significativamente a la economía estadounidense.

○ **Por estatus de refugiado o asilo**. Aquellos que han sido **admitidos como refugiados** o a quienes fue **concedido asilo** pueden solicitar una *Green Card* después de un año de su llegada a Estados Unidos.

○ **Otros caminos**. Se refiere a programas especiales como la Lotería de Visas de Diversidad, leyes especiales para ciertos grupos de inmigrantes, y categorías especiales como personas con habilidades extraordinarias, entre otros.

❷ ¿Usted se encuentra actualmente dentro o fuera de Estados Unidos?

El proceso por el cual se solicita la Tarjeta de Residente Permanente depende del lugar donde usted se encuentre en el momento de iniciar los trámites de solicitud de la *Green Card*.

¿Es usted elegible para presentar una solicitud?

Analicemos la primera pregunta, la referente a la **elegibilidad**, es decir, si usted califica para alguna de las categorías que el gobierno estadounidense contempla para otorgar el derecho a obtener la Tarjeta de Residente Permanente.

Los requisitos de elegibilidad variarán según la categoría de inmigrante en la que usted va a presentar la solicitud. Para obtener una *Green Card*, es requisito indispensable contar con un **patrocinio**. Esto puede provenir de un familiar directo que sea ciudadano o residente permanente de los Estados Unidos, de un empleador estadounidense, o de otras categorías específicas como el asilo o la lotería de visas de diversidad.

La mayoría de los solicitantes de una *Green Card* deben presentar dos formularios principales como parte del proceso:

○ **Petición de inmigrante**. Dependiendo del caso, esto podría ser el **Formulario I-130** (Petición para Familiar Extranjero), el **Formulario I-140** (Petición de Inmigrante para Trabajador Extranjero), o el Formulario I-360, entre otros. Estos formularios establecen la relación entre el patrocinador y el solicitante y es el primer paso para determinar la elegibilidad para la inmigración basada en la familia o el empleo.

○ **Solicitud de Tarjeta de Residente Permanente**. El **Formulario I-485** se utiliza para solicitar el ajuste de estatus a residente permanente legal si el solicitante se encuentra dentro de los Estados Unidos. Si el solicitante está fuera de los Estados Unidos, el proceso se realiza a través del consulado estadounidense en su país de origen y se conoce como procesamiento consular.

Es importante destacar que el proceso varía según la categoría específica de inmigración y puede requerir de formularios adicionales o pasos alternativos. Por ejemplo, los ganadores de la Lotería de Visas de Diversidad siguen un proceso distinto y algunos solicitantes de asilo o refugiados pueden no necesitar un patrocinador. Es fundamental entender que el proceso de solicitud es complejo y puede diferir significativamente dependiendo de las circunstancias individuales.

Los formularios enumerados a continuación son fundamentales para que los inmigrantes avancen correctamente en su camino hacia la residencia permanente. Es importante que los formularios se completen con precisión y se presenten según las instrucciones del USCIS, junto con cualquier documentación de respaldo necesaria. Dado que los errores pueden provocar retrasos o denegaciones, consultar con un abogado de inmigración puede ser muy beneficioso para asegurar que se maneje el proceso adecuadamente.

Tipo de formulario	Detalle
Formulario **I-130**, Petición para familiar extranjero.	Este formulario es utilizado por ciudadanos o residentes permanentes de Estados Unidos para patrocinar a ciertos familiares para la inmigración.
Formulario **I-140**, Petición de inmigrante para trabajador extranjero.	Empleadores en Estados Unidos usan este formulario para patrocinar a trabajadores extranjeros para la residencia permanente basada en el empleo.
Formulario **I-730**, Petición de familiar de refugiado/asilado.	Refugiados o asilados ya admitidos pueden usar este formulario para solicitar beneficios para sus cónyuges e hijos.
Formulario **I-589**, Solicitud de Asilo y de Suspensión de Remoción.	Individuos en Estados Unidos que buscan protección por temor a la persecución en su país de origen pueden presentar esta solicitud.

Tipo de formulario	Detalle
Formulario **I-360**, Petición para amerasiático, viudo(a) de ciudadano, o inmigrante especial.	Este formulario abarca varias categorías especiales de inmigrantes, incluyendo a ciertos trabajadores religiosos y viudos de ciudadanos estadounidenses.
Formulario **I-526**, Petición de inmigrante por empresario extranjero.	Inversionistas que buscan inmigrar a Estados Unidos y que cumplen ciertos requisitos de inversión y creación de empleo pueden presentar esta petición.
Formulario **I-918**, Petición para estatus U no inmigrante.	Víctimas de ciertos delitos que han sufrido abuso y son útiles para las autoridades en la investigación o enjuiciamiento de la actividad criminal pueden presentar esta petición.
Formulario **I-929**, Petición para familiar cualificado de un no inmigrante U-1.	Familiares de personas con estatus U no inmigrante (víctimas de delitos) pueden ser elegibles para solicitar la residencia permanente en ciertas condiciones.
Formulario **I-485**, Solicitud de registro de Residencia Permanente o Ajuste de Estatus.	Este es uno de los formularios más críticos y se utiliza cuando una persona ya está en Estados Unidos y busca ajustar su estatus a residente permanente.
Formulario **DS-260**, Solicitud de visa de inmigrante y Registro de Extranjero en línea.	Este formulario es utilizado en el procesamiento consular cuando el solicitante está fuera de los Estados Unidos.
Formulario **I-864**, Declaración jurada de patrocinio económico.	Este formulario es requerido en la mayoría de los procesos de inmigración basados en la familia para demostrar que el inmigrante no se convertirá en una carga pública.
Formulario **I-765**, Solicitud de Autorización de Empleo.	Utilizado por aquellos que buscan permiso para trabajar legalmente en Estados Unidos mientras su caso de *Green Card* está pendiente.
Formulario **I-131**, Solicitud de Documento de Viaje.	Necesario para aquellos que desean viajar al exterior y regresar a Estados Unidos mientras su aplicación de *Green Card* está siendo procesada.

¿Usted se encuentra actualmente dentro o fuera de Estados Unidos?

Analicemos ahora la segunda pregunta, la referente a **dónde se encuentra**: si está actualmente en los Estados Unidos de América o fuera de este país.

Si se encuentra **dentro** de los Estados Unidos, debe realizar el trámite de solicitar el **Ajuste de Estatus** con el Servicio de Ciudadanía e Inmigración de los Estados Unidos (USCIS). Si usted ya tiene una petición de inmigrante aprobada y la visa de inmigrante está disponible, presente el Formulario I-485, Solicitud para Registrar Residencia Permanente o Ajuste de Estatus con el USCIS.

Si actualmente no tiene una petición de inmigración aprobada, verifique los requisitos de elegibilidad de la categoría de su Tarjeta de Residente Permanente para saber si puede presentar la petición y el Formulario I-485 simultáneamente (esto es conocido como **trámite conjunto**).

Más adelante desarrollaremos cómo realizar el **Ajuste de Estatus** y podrá obtener más información sobre el proceso para solicitar una Tarjeta de Residente Permanente en Estados Unidos.

Ahora bien, si se encuentra **fuera de los Estados Unidos** y desea iniciar su solicitud de la Tarjeta de Residente Permanente, deberá realizar el trámite de solicitar el **Procesamiento Consular** con el Departamento de Estado de Estados Unidos en la embajada o consulado de los Estados Unidos que corresponda a su situación personal. Más adelante en esta guía le mostraremos en detalle los pasos a seguir.

Si bien los pasos que usted deberá seguir para solicitar una Tarjeta de Residente Permanente varían según su situación individual, este es el proceso general de solicitud:

❶ Usualmente alguien presenta una petición de inmigrante a nombre suyo (por lo general se conoce como el **patrocinador** o la persona que lo pide a usted). En algunos casos, usted puede ser elegible para presentar la petición por sí mismo (autopeticionar).

❷ Después de que USCIS apruebe su petición de inmigrante, y si existe una visa disponible en su categoría, usted **presentará la solicitud** de Tarjeta de Residente Permanente con el USCIS o una solicitud de visa con el Departamento de Estado.

❸ Comparecerá a la cita de toma de **datos biométricos**, para proveer sus huellas dactilares, fotografías y una firma.

❹ Se presentará después a la **entrevista**.

❺ Y, como último paso, usted **recibirá la decisión** sobre su solicitud.

 ## Importante

> Guarde copias de todos los documentos y formularios presentados durante cada etapa del proceso de solicitud.

Es conveniente registrarse en la página web del USCIS (uscis.gov/es) y crear una cuenta en línea para obtener las actualizaciones automáticas de su caso.

Igualmente, es conveniente registrarse en la **Entrega Informada** a través de USPS para recibir imágenes diarias en el email del correo postal que le ha sido enviado. Con la Entrega Informada, usted puede:

◗ Dar seguimiento automático a los paquetes que está esperando.

◗ Configurar alertas de correo electrónico y mensajes de texto.

◗ Ingresar las Instrucciones de Entrega de USPS para su cartero.

Si su información de seguimiento de USPS muestra que su paquete fue entregado, pero no lo ha recibido, contacte a su oficina de correos local de inmediato. Recuerde, el USCIS le enviará por correo su Tarjeta de Residente Permanente o su Documento de Viaje a la dirección que proporcionó en su solicitud (a menos que haya especificado que se envíe por correo a su representante en el Formulario G-28, Notificación sobre Comparecencia como Abogado o Representante Autorizado).

Si su dirección postal cambió después de presentar su solicitud, recuerde que debe actualizar su dirección con USCIS y

USPS lo antes posible. Recomendamos que utilice la herramienta *USPS Look Up a ZIP Code* para asegurarse de proveer a USCIS su dirección completa utilizando las abreviaturas estándar y el formato reconocido por USPS.

Si no actualiza su dirección rápidamente, su caso podría retrasarse, sus documentos podrían perderse y es posible que deba volver a solicitar y pagar la tarifa nuevamente.

Si usted ya tiene una *Green Card*, es conveniente realizar sus trámites en la página correspondiente del USCIS, como información sobre viajes, renovación de una tarjeta, y sus derechos y responsabilidades como poseedor de una Tarjeta de Residente Permanente.

 Recuerde

Cómo registrarse para recibir actualizaciones de USCIS

1. Visite la página principal de USCIS en uscis.gov (en inglés) o uscis.gov/es (en español).

2. En el menú, busque la opción que dice *Sign Up* (Registrarse) o *Get Email Updates* (Recibir actualizaciones por correo electrónico).

3. Haga clic en esa opción y llegará a la página donde suscribirse.

4. Deberá ingresar su dirección de correo electrónico en el campo requerido.

5. Seleccione los temas sobre los que desea recibir información.

6. Después de seleccionar sus preferencias, envíe su suscripción. Una vez registrado, recibirá las últimas noticias, actualizaciones, procedimientos y fechas importantes. También podrá monitorear el estado de su caso utilizando herramientas como *Check My Case Status* (Verifique el estado de su caso).

Capítulo 2
TODAS LAS MANERAS DE OBTENER LA *GREEN CARD*

Bienvenido al capítulo dedicado a explorar todas las vías posibles para obtener una *Green Card* en Estados Unidos. Aquí encontrará un amplio abanico de opciones y estrategias disponibles para aquellos que desean asegurar su residencia permanente en este país.

Categorías de elegibilidad para la *Green Card*

En los Estados Unidos, las personas disponen de varias vías para obtener el estatus de residente permanente y poseer la *Green Card*. Estas vías se adaptan a diversas circunstancias y orígenes para garantizar que las personas con diferentes calificaciones y conexiones con los Estados Unidos tengan la oportunidad de obtener la residencia permanente legal.

Ya sea a través del patrocinio familiar, preferencias basadas en el empleo, programas de lotería de visas de diversidad o categorías especiales de inmigrantes como refugiados o asilados, existe una variedad de opciones para explorar. Cada opción implica criterios de elegibilidad específicos, requisitos de documentación y pasos procesales, lo que requiere una consideración cuidadosa y una planificación estratégica adaptada a la situación única de cada solicitante.

! Importante

Esta guía no es una fuente de asesoría legal. Si usted considera que podría cumplir con los requisitos en alguna de estas categorías, consulte con un abogado de inmigración y revise detenidamente la información proporcionada por USCIS para comprender completamente sus opciones y el procedimiento de solicitud.

Las vías más comunes para obtener la *Green Card* y, de este modo, convertirse en residente legal permanente, son a través de la familia y del trabajo, que son las dos categorías que esta guía desarrolla en profundidad. Sin embargo, hay otras que es necesario que conozca también.

Para solicitar una *Green Card*, debe ser elegible en una de las siguientes categorías:

⊙ A través de la familia.

⊙ A través del empleo.

⊙ Como inmigrante especial.

⊙ A través del estatus de refugiado o asilado.

⊙ Como víctimas de trata de personas y delitos.

⊙ Como víctima de abusos.

⊙ A través de otras categorías.

⊙ A través del registro.

A través de la familia

Las personas que pueden solicitar la *Green Card* a través de la familia son generalmente **familiares cercanos** de ciudadanos estadounidenses o residentes permanentes legales. Esto incluye cónyuges, hijos solteros menores de 21 años, hijos solteros mayores de 21 años, padres de ciudadanos estadounidenses, así como hermanos de ciudadanos estadounidenses, aunque este último grupo tiene un proceso de solicitud más limitado y prolongado.

Es importante tener en cuenta que cada categoría de familiar tiene **requisitos específicos** y **tiempos de espera** que deben cumplirse para ser elegible para la *Green Card*.

Esta es una lista general de los **parientes** que pueden patrocinar a un familiar para una *Green Card*:

1 Familiares inmediatos de ciudadanos estadounidenses

⊙ Los cónyuges de ciudadanos estadounidenses pueden calificar para una *Green Card* de manera inmediata.

○ Los hijos solteros menores de 21 años de ciudadanos estadounidenses tienen el mismo beneficio.

○ Padres de ciudadanos estadounidenses, si el ciudadano es mayor de 21 años, también califican inmediatamente.

❷ Categorías basadas en Preferencia Familiar

Para ciudadanos estadounidenses:

○ Hijos solteros mayores de 21 años.

○ Hijos casados de cualquier edad.

○ Hermanos, si el ciudadano es mayor de 21 años.

Para residentes permanentes legales:

○ Cónyuges.

○ Hijos solteros menores de 21 años.

○ Hijos solteros de 21 años o más.

❸ Prometidos e hijos de prometidos de ciudadanos estadounidenses. Los prometidos de ciudadanos estadounidenses y sus hijos menores de 21 años pueden ser admitidos a través de las visas K-1 y K-2, respectivamente.

❹ Viudos de ciudadanos estadounidenses. Siempre que estuvieran legalmente casados con su cónyuge –que era ciudadano estadounidense– en el momento del fallecimiento.

❺ Auto peticionario VAWA (Ley de Violencia contra las Mujeres) - víctima de abuso o crueldad extrema. Cónyuges e hijos que han sufrido abuso por parte de un ciudadano estadounidense o residente permanente legal, así como los padres abusados por un hijo ciudadano estadounidense, pueden autopeticionarse.

Importante

Abuelos, primos, sobrinos, tíos de ciudadanos estadounidenses y hermanos o padres de residentes permanentes **no son elegibles para ser patrocinados por sus familiares** para la *Green Card*.

Es importante tener en cuenta estas limitaciones al considerar las opciones para obtener la residencia permanente en Estados Unidos. Recuerde que cada categoría de parentesco tiene sus propios requisitos y procesos de solicitud específicos, y que los tiempos de espera pueden variar considerablemente. Más adelante en esta guía se profundizan estos conceptos.

A través del empleo

Aquellas personas que **no poseen familiares** a través de los cuales solicitar la residencia permanente pueden hacerlo a través del empleo. Las personas que pueden aplicar a la *Green Card* a través del empleo son aquellas que tienen **habilidades, educación** o **experiencia especializada valiosas** para el mercado laboral de los Estados Unidos.

Esta es una lista general de las categorías de empleo que pueden ser elegibles para solicitar una *Green Card* y disfrutar de una residencia permanente legal a través del empleo:

❶ Categoría EB-1 Trabajadores de Primera Preferencia

○ Personas con habilidades extraordinarias en las áreas de ciencia, arte, educación, negocios o deportes.

○ Profesores e investigadores sobresalientes.

○ Ejecutivos y gerentes de empresas multinacionales.

❷ Categoría EB-2 Trabajadores de Segunda Preferencia

○ Profesionales de carreras que requieren un grado avanzado.

○ Personas con habilidades extraordinarias en ciencias, artes o negocios.

○ Trabajadores que buscan una exención por interés nacional (*National Interest Waiver*).

❸ Categoría EB-3 Trabajadores de Tercera Preferencia

○ Trabajadores calificados con al menos dos años de experiencia o formación.

◐ Profesionales con una licenciatura o equivalente extranjero.

◐ Otros trabajadores para empleos que requieren menos de dos años de capacitación o experiencia.

❹ **Médicos con exención por interés nacional**. Médicos que se comprometen a trabajar en áreas con escasez de atención médica.

❺ **Inversionistas y empresarios**. Los inversionistas extranjeros que invierten o están en proceso activo de invertir al menos $1.800.000 (o $900,000 en un área de empleo determinado) en una nueva empresa comercial en Estados Unidos que creará posiciones a tiempo completo para al menos 10 empleados cualificados. Estos valores están actualizados al momento del cierre de esta edición de la guía. **Revise bien los valores** para estar al día de los valores mínimos de inversión **actualizados**. Los inmigrantes que califican para estos requisitos pueden ser elegibles para una *Green Card* a través del Programa de Inversionistas Inmigrantes, **categoría EB-5**.

Como inmigrante especial

Las personas que pueden aplicar a la *Green Card* como **inmigrante especial** (**categoría EB-4**) son aquellas que caen dentro de ciertas categorías especiales definidas por la ley de inmigración de los Estados Unidos. Estas categorías pueden incluir:

❶ **Trabajadores religiosos**. Los ministros y trabajadores no ministeriales en vocaciones y ocupaciones religiosas pueden inmigrar o ajustar su estatus en Estados Unidos con el propósito de llevar a cabo trabajos religiosos en una posición remunerada a tiempo completo.

❷ **Jóvenes Inmigrantes Especiales**. Los menores que están en Estados Unidos y necesitan la protección de un tribunal de menores porque han sido abusados, abandonados u han sido objeto de negligencia por parte de un padre, pueden ser elegibles para la clasificación de Joven Inmigrante Especial (SIJ).

❸ Ciertos **representantes de los medios de comunicación**, sus cónyuges e hijos que vienen a trabajar a los Estados Unidos como *broadcasters* para la Agencia de Estados Unidos para Medios Globales (**USAGM**) o para un concesionario de la USAGM.

④ Algunos **oficiales retirados** o **empleados** de una organización internacional **G-4** o empleados civiles de **NATO-6** y sus familiares.

⑤ Ciertos **empleados del gobierno de Estados Unidos** que están en el extranjero y sus familiares.

⑥ **Miembros** de las **Fuerzas Armadas** de Estados Unidos.

⑦ **Empleados** de la Compañía del **Canal de Panamá** o empleados gubernamentales en el Canal de Panamá.

⑧ Ciertos **médicos licenciados** y que practican medicina en un estado estadounidense al 9 de enero de 1978.

⑨ Ciertos **traductores o intérpretes iraquíes o afganos**.

⑩ **Iraquíes** que fueron **empleados** por o a nombre del gobierno de Estados Unidos en o después del **20 de marzo de 2003**, por un plazo no menor de un año y que hayan experimentado o experimentan en la actualidad una amenaza seria y continua como consecuencia de ese empleo.

⑪ **Afganos que fueron empleados** por el gobierno de Estados Unidos o la Fuerza de Ayuda de Seguridad Internacional (**ISAF**).

A través del estatus de refugiado o asilado

Las personas que pueden aplicar a la *Green Card* como refugiado o asilado son aquellas personas que puedan demostrar que huyeron de su país por persecución pasada o por temor a persecución futura debido a su raza, religión, nacionalidad, pertenencia a un grupo social particular u opinión política. En estos casos, pueden solicitar el estatus legal de **refugiados** (si están fuera de los Estados Unidos) o **asilados** (si ya están dentro de los Estados Unidos). Si obtienen la aprobación del gobierno de los Estados Unidos como refugiado o asilado pueden solicitar el estatus de residencia permanente más adelante:

○ **Refugiados**, un año después de haber sido admitidos en los Estados Unidos como refugiados.

○ **Asilados**, un año después de que se le haya concedido el estatus de asilado.

Como víctimas de trata humana y otros crímenes

Para obtener una *Green Card* como víctimas de delitos y trata de personas, normalmente se debe solicitar una **visa T** o una **visa U**, según su situación. Tanto el programa de visa T como el de visa U brindan vías para que las víctimas de trata de personas y ciertos delitos busquen **protección y estatus legal** en los Estados Unidos. En estos casos, es fundamental consultar con un abogado de inmigración con experiencia para evaluar la elegibilidad, navegar por el proceso de solicitud y abordar cualquier complejidad legal.

❶ Visa T (para víctimas de trata de personas)

○ Las **víctimas** de trata de personas que estén presentes en los Estados Unidos como resultado de la trata pueden solicitar una visa T.

○ Para calificar, deben demostrar que son víctimas de trata y estar dispuestos a **colaborar** en la investigación o enjuiciamiento de los delitos de trata.

○ Si se aprueba, el individuo y ciertos familiares elegibles **pueden recibir estatus legal temporal y autorización de trabajo** en los Estados Unidos.

❷ Visa U (para víctimas de ciertos delitos)

○ Las **víctimas** de ciertos delitos calificados que hayan sufrido abuso físico o mental y sean útiles para las autoridades en la investigación o el procesamiento del delito pueden ser elegibles para una visa U.

○ Los **delitos** calificados incluyen, entre otros, violencia doméstica, agresión sexual, trata de personas y otros delitos violentos.

○ Los solicitantes deben **demostrar** que han sufrido abuso físico o mental sustancial como resultado del delito y que están dispuestos a **ayudar** a las autoridades.

○ Si la solicitud es aprobada, el individuo y ciertos familiares elegibles **pueden recibir estatus legal temporal y autorización de trabajo** en los Estados Unidos.

Como víctimas de abusos

Para obtener una *Green Card* como víctimas de abuso, las personas generalmente buscan vías legales como la autopetición de la Ley de Violencia contra las Mujeres (VAWA), entre otras. Para calificar, la persona debe demostrar que ha sido sometida a agresión o crueldad extrema por parte de un pariente calificado que sea ciudadano estadounidense o residente permanente legal.

Esta es una descripción general de las diferentes vías legales existentes. Es esencial para las víctimas de abuso buscar asesoramiento legal para evaluar su elegibilidad y navegar adecuadamente por el proceso de solicitud, dada la naturaleza sensible y compleja de estos casos.

❶ **Autopetición bajo la Ley de Violencia contra las Mujeres (VAWA).** Víctimas de violencia doméstica pueden autopeticionarse sin necesidad del consentimiento del abusador. Esto incluye a:

○ Cónyuges que han sido abusados por un ciudadano estadounidense o residente permanente legal.

○ Hijos menores de 21 años no casados que han sido abusados por un padre ciudadano estadounidense o residente permanente legal.

○ Padres que han sido abusados por un hijo ciudadano estadounidense.

❷ **Jóvenes Inmigrantes Especiales** (SIJ, por sus siglas en inglés). **Menores** que han sido abusados, abandonados u objeto de negligencia por parte de sus padres y han recibido una clasificación SIJ por un tribunal estatal.

❸ **Otras categorías específicas de víctimas de abuso**. Ciertas leyes proporcionan protección adicional para los cónyuges e hijos abusados en circunstancias específicas, como:

○ Bajo la Ley de Ajuste Cubano, cónyuges e hijos abusados de un natural o ciudadano cubano.

○ Bajo la Ley de Equidad en la Inmigración de Refugiados Haitianos (HRIFA), cónyuges o hijos abusados de un residente permanente legal que ha recibido su *Green Card* a base de HRIFA.

A través de otras categorías

Existen otras categorías de elegibilidad mediante las que se puede aplicar a la *Green Card*. Algunas de las principales son:

❶ **Programa de Visas de Diversidad (Lotería de Visas)**. Es un programa del gobierno estadounidense que tiene como objetivo diversificar la población inmigrante otorgando visas a personas de países con tasas históricamente bajas de inmigración a los Estados Unidos.

❷ **Ley de Ajuste Cubano**. Es una ley estadounidense promulgada en 1966 que proporciona un camino hacia el estatus de residente permanente legal para los ciudadanos cubanos y sus familiares inmediatos acompañantes que cumplan con criterios de elegibilidad específicos.

❸ **Cónyuge o hijo abusado (víctima de abuso o crueldad extrema)**. Los cónyuges e hijos abusados por un ciudadano estadounidense o residente permanente legal pueden calificar para la *Green Card*. Esto incluye a aquellos bajo la Ley de Ajuste Cubano y HRIFA (Ley de Imparcialidad en la Inmigración de Refugiados Haitianos).

❹ **Equidad en la Inmigración de Refugiados Liberianos**. Ofrece elegibilidad para la *Green Card* a nacionales liberianos y ciertos familiares que han estado presentes en Estados Unidos desde el 20 de noviembre de 2014.

❺ **Con permiso de ingreso Lautenberg**. La Enmienda Lautenberg, aprobada en 1990, estableció un programa especial de libertad condicional para ciertas personas de la ex Unión Soviética, Vietnam, Laos y Camboya que se consideraban en riesgo de persecución debido a su religión u origen étnico. Este programa se conoce comúnmente como el programa de libertad condicional de Lautenberg.

6 Ley de Ajuste de Permiso de Ingreso de Indochinos 2.000. Pueden aplicar aquellas personas naturales o ciudadanos de Vietnam, Camboya o Laos a quienes se les otorgó permiso de ingreso a Estados Unidos en o antes del 1 de octubre de 1997 procedentes de Vietnam bajo el Programa de Salida Ordenada, de un campamento de refugiados en Asia Oriental, o personas desplazadas de un campo administrado por UNHCR en Tailandia.

7 Indio Americano nacido en Canadá. Personas con al menos un 50% de ascendencia indígena americana nacidas en Canadá pueden ser elegibles para la *Green Card*.

8 Nacidos en Estados Unidos hijos de diplomático extranjero. Pueden ser elegibles aquellas personas que son hijos de un funcionario diplomático extranjero que estaba destacado en Estados Unidos cuando nacieron.

9 Sección 13 (diplomáticos). Pueden ser elegibles aquellas personas que estaban destacadas en Estados Unidos en calidad de diplomático o alto oficial y que no pueden regresar a su país. Los cónyuges y otros familiares cualificados de diplomáticos bajo sección 13 también pueden presentar una solicitud.

A través de registro

Bajo la ley de inmigración de los Estados Unidos, específicamente la sección 249 de la **Ley de Inmigración y Nacionalidad (INA)**, hay una disposición conocida como "Registro". Permite a ciertas personas que han residido continuamente en los Estados Unidos desde antes del 1 de enero de 1972, solicitar la residencia permanente legal o *Green Card*, incluso si actualmente no tienen un estatus migratorio legal.

Para calificar bajo esta disposición, **los solicitantes deben demostrar** que:

○ Han residido continuamente en los Estados Unidos desde el 1 de enero de 1972.

○ Son personas de buen carácter moral.

○ No son inadmisibles bajo ciertas secciones de la ley de inmigración.

○ No son inelegibles para la ciudadanía.

 Importante

Los solicitantes deben proporcionar **documentación que verifique su presencia continua** en los Estados Unidos desde la fecha requerida y cumplir con los otros criterios enumerados. La disposición de registro es una de las pocas maneras por las cuales los individuos sin estatus legal pueden ajustar su estatus a residente permanente legal sin salir de los Estados Unidos.

Capítulo 3
QUÉ HACER SI NO CALIFICA PARA LA *GREEN CARD*

En el camino hacia la residencia permanente en los Estados Unidos puede haber momentos en los que descubra que no cumple con los requisitos para obtener una *Green Card*. Es importante conocer cuáles son los caminos para visitar Estados Unidos legalmente.

En este capítulo encontrará las alternativas viables, las posibles rutas a seguir, y cómo mantener la elegibilidad para futuras oportunidades de inmigración si se tropieza con esta encrucijada. Con una evaluación cuidadosa de las opciones, desde ajustes de estatus hasta categorías de visas alternativas, pasando por la comprensión de las exenciones y los procedimientos de apelación, hallará la información clara y concisa que necesita.

Cómo ingresar legalmente en los Estados Unidos

Para poder entrar a Estados Unidos, la mayoría de las personas necesitan obtener un permiso conocido como "visa", emitido por los servicios consulares de Estados Unidos en su país de origen.

Las personas que están obligadas a tener una visa y, sin embargo, eligen entrar a Estados Unidos sin cumplir con este requisito o sin pasar por un control de inmigración oficial, serán consideradas como **inmigrantes indocumentados**.

Existen dos categorías principales de visas: la visa de inmigrante y la visa de no inmigrante. A continuación, se detallan las características y diferencias de cada tipo de visa.

Visa de inmigrante

La visa de inmigrante es un paso previo imprescindible para obtener su *Green Card*. Las visas de inmigrante se emiten a ciudadanos **extranjeros** que tienen la **intención de vivir permanentemente** en los Estados Unidos.

Si usted viene de otro país, debe tener la visa físicamente consigo para poder ingresar a los Estados Unidos. Una vez que llega al país, debe reclamar su residencia permanente.

Si usted ya está en los Estados Unidos cuando aplica a la residencia permanente, igualmente requiere de una visa de inmigrante, aunque en su caso sea solo un número y nunca vea dicha visa, es decir, que no le sea entregada una visa física.

Visas de no inmigrante

Las visas de no inmigrante son documentos emitidos por el gobierno estadounidense que **permiten a ciudadanos extranjeros ingresar temporalmente** al país con un propósito específico, por un período limitado de tiempo y con derechos restringidos. Estas visas cubren una amplia gama de propósitos, por ejemplo, turismo, estudios, trabajo temporal, intercambio cultural, tratamiento médico y participación en eventos específicos como conferencias o competencias deportivas.

Las visas de no inmigrante **no otorgan residencia permanente** en Estados Unidos, sino que permiten a los individuos permanecer en el país por un período determinado para cumplir con el propósito específico de su visita. El proceso para obtener una visa de no inmigrante puede ser complejo y variar según el tipo de visa y el país de origen del solicitante. Además, algunos solicitantes pueden estar sujetos a exámenes médicos y de seguridad adicionales.

 ## Recuerde

Información sobre visas y tiempos de procesamiento

Para obtener más información sobre el tipo de visa que precisa, ingrese en la página web de la Oficina de Asuntos Consulares del Departamento de Estado (*US Department of State - Bureau of Consular Affairs*). También puede verificar el tiempo de espera estimado para una cita de entrevista para una visa de no inmigrante en una embajada o consulado de los Estados Unidos. Visite la sección de visas en travel.state.gov/content/travel.html.

Cada tipo de visa tiene **requisitos y restricciones** específicas que los solicitantes deben cumplir. Por ejemplo, para obtener una **visa de estudiante**, el solicitante debe haber sido aceptado en una institución educativa acreditada en Estados Unidos y demostrar que tiene los medios financieros para cubrir sus gastos durante su estadía. Para una **visa de trabajo temporal**, el empleador estadounidense debe demostrar que no puede encontrar un candidato calificado en el país y que contratar al solicitante extranjero no perjudicará a los trabajadores estadounidenses.

Es importante tener en cuenta que las visas de no inmigrante no otorgan residencia permanente en los Estados Unidos. Después de que expire la visa o se cumpla su propósito, el titular debe salir del país, a menos que califique y solicite un cambio de estatus a una visa de inmigrante o encuentre otra vía para permanecer legalmente en los Estados Unidos.

Los solicitantes de visas de no inmigrante deben cumplir con todas las leyes y regulaciones de Estados Unidos durante su estadía en el país. Esto incluye respetar las fechas de entrada y salida autorizadas, no trabajar sin la autorización adecuada (si la visa no lo permite), y abstenerse de involucrarse en actividades ilegales.

Categorías de visa de no inmigrante

La nomenclatura de las visas consiste en una letra seguida de un número y un guion entre ellos. El listado a continuación enumera las categorías de visa de no inmigrante disponibles:

Motivo del viaje	Categoría de Visa
Atleta, aficionado o profesional (compitiendo únicamente por premios en metálico).	B-1
Au pair (visitante de intercambio).	J
Especialidad profesional australiana.	E-3
Tarjeta de Paso Fronterizo: México.	BCC
Visitante de negocios.	B-1
Trabajador transitorio exclusivo de CNMI.	CW-1
Miembro de tripulación.	D
Diplomático o funcionario de un gobierno extranjero.	A
Empleado doméstico o niñera: debe acompañar a un empleador extranjero.	B-1
Empleado de una organización internacional designada o de la OTAN.	G1-G5, NATO

Motivo del viaje	Categoría de Visa
Visitante de intercambio.	J
Personal militar extranjero estacionado en los Estados Unidos.	A-2 NATO1-6
Nacional extranjero con habilidad extraordinaria en Ciencias, Artes, Educación, Negocios o Atletismo.	O
Profesional de Tratados de Libre Comercio (TLC): Chile, Singapur.	H-1B1 - Singapore
Visitante de intercambio cultural internacional.	Q
Transferencia dentro de la compañía.	L
Visitante para tratamiento médico.	B-2
Medios, periodista.	I
Trabajador profesional del TLCAN: México, Canadá.	TN/TD
Atleta, artista y animador.	P
Médico.	J , H-1B
Profesor, erudito, docente (visitante de intercambio).	J
Trabajador religioso.	R
Ocupaciones especializadas en campos que requieren conocimientos altamente especializados.	H-1B
Estudiante: académico, vocacional.	F, M
Trabajador agrícola temporal.	H-2A
Trabajador temporal que realiza otros servicios o trabajos de carácter temporal o estacional.	H-2B
Turismo, vacaciones, visitante de placer.	B-2
Capacitación en un programa que no es principalmente para el empleo.	H-3
Comerciante por tratado/inversionista por tratado.	E
Transitando por los Estados Unidos.	C
Víctima de actividad criminal.	U
Víctima de trata de personas	T
Visa de no inmigrante (V) para cónyuge e hijos de un residente permanente legal (LPR)	V
Visa de no inmigrante (V) para cónyuge e hijos de un residente permanente legal (LPR).	V

Recuerde

La importancia de mantenerse con estatus legal

Cumplir con las condiciones de su visa de no inmigrante es fundamental para garantizar su estancia legal en los Estados Unidos. Al ingresar al país bajo esta categoría de visa, se le concede una estancia temporal basada en un propósito definido, como lo puede ser el turismo, la educación, o el trabajo. Adherirse a los términos de su visa no solo es un requisito legal sino también un elemento esencial para su permanencia exitosa en Estados Unidos.

Infringir las condiciones de su visa de no inmigrante puede acarrear severas consecuencias legales. Por ejemplo, si usted permanece más tiempo del permitido o trabaja sin la debida autorización, podría enfrentarse a procedimientos de deportación, sanciones de entrada futuras y barreras para obtener beneficios migratorios más adelante.

El cumplimiento de los términos de su visa le permite aprovechar sus beneficios, tales como la oportunidad de cursar estudios, trabajar legalmente o viajar dentro de los Estados Unidos, manteniendo la posibilidad de ajustar su estatus migratorio si las leyes cambian o si se presentan caminos hacia la residencia permanente.

Por tanto, mantener un estatus legal no solo preserva sus derechos actuales, sino que también asegura su capacidad de integrarse plenamente en la comunidad y contribuir a su bienestar personal, así como al del país. Es fundamental que cada acción dentro del marco de su visa esté alineada con las leyes de inmigración vigentes para evitar penalizaciones y conservar su historial migratorio limpio y favorable.

Un caso especial:
Deferred Action for Childhood Arrivals (DACA)

La Acción Diferida para los Llegados en la Infancia (DACA) es una política de inmigración de Estados Unidos que permite a **ciertos jóvenes** que fueron traídos al país de manera irregular como menores de edad, recibir un **protección a la deportación**

y la **posibilidad de solicitar un permiso de trabajo**, ambos renovables cada dos años.

Establecida en junio de 2012 bajo la **administración Barack Obama**, la iniciativa DACA surgió para abordar las circunstancias de los jóvenes inmigrantes sin estatus legal, comúnmente conocidos como "*DREAMers*". Estos individuos, que crecieron y se educaron en los Estados Unidos, se encontraban sin acceso legal a oportunidades educativas y laborales.

DACA ha sido objeto de intensos debates políticos y múltiples impugnaciones legales. En septiembre de 2017, la **administración de Donald Trump** anunció su intención de rescindir el programa, lo que condujo a una serie de litigios. Como consecuencia, la implementación del programa ha experimentado variaciones, y su continuidad ha estado sujeta a decisiones judiciales.

❗ Importante

Al cierre de esta edición, existe una orden judicial que permite la renovación de DACA para aquellos ya inscritos en el programa, pero prohíbe la aceptación de nuevas solicitudes. Es importante señalar que la situación legal de DACA puede cambiar en función de las decisiones de los tribunales o la acción del Congreso en el futuro.

Una petición de DACA solo se puede conceder si USCIS determina a discreción propia que usted cumple con los siguientes criterios mínimos y amerita un ejercicio de discreción favorable:

- ⦿ Era menor de 31 años al 15 de junio del 2012 (es decir, que usted nació en o antes del 16 de junio de 1981).
- ⦿ Llegó a Estados Unidos antes de cumplir 16 años de edad.
- ⦿ Ha residido continuamente en Estados Unidos desde el 15 de junio de 2007, hasta el momento de presentar su petición de DACA.
- ⦿ Estaba físicamente presente en Estados Unidos el 15 de junio de 2012, y al momento de presentar la petición de DACA ante USCIS.

○ No tenía estatus de inmigración legal el 15 de junio de 2012 ni al momento de presentar su petición de DACA, lo que significa que:

- nunca tuvo estatus migratorio legal en o antes del 15 de junio de 2012, o cualquier estatus migratorio legal o permiso de permanencia temporal que usted había obtenido antes del 15 de junio de 2012 había caducado al 15 de junio de 2012, y

- cualquier estatus migratorio legal que usted tuvo después del 15 de junio de 2012 caducó o fue cancelado de otra manera antes de que usted presentara su petición de DACA.

○ Está actualmente matriculado en la escuela, se ha graduado u obtenido un certificado de finalización de la escuela secundaria, ha obtenido un Certificado de Desarrollo de Educación General (GED), o es un veterano con licenciamiento honorable de la Guardia Costera de Estados Unidos o las Fuerzas Armadas de Estados Unidos, y

○ No ha sido condenado por un delito grave, delito menor significativo (es decir, un delito menor como se describe en 8 CFR 236.22(b)(6)), o tres o más delitos menores, y de ninguna otra manera constituye una amenaza para la seguridad nacional o la seguridad pública.

Los individuos que reciben DACA pueden obtener un permiso de trabajo y, en algunos estados, son elegibles para recibir un número de Seguro Social y una licencia de conducir, mejorando así su acceso a oportunidades de empleo y otros beneficios.

Debido a la incertidumbre del programa, es vital para los potenciales solicitantes y aquellos que buscan renovar su estatus de DACA consultar con un abogado de inmigración cualificado que esté al tanto de las últimas actualizaciones y desarrollos legales para proporcionar la orientación apropiada.

Con la visa U puede calificar a la *Green Card*

La Visa U es un **recurso esencial** para aquellas personas que han sido **víctimas de ciertos delitos graves** y han sufrido daños físicos o psicológicos significativos como resultado. Es un mecanismo legal que proporciona protección y fomenta la cooperación de las víctimas con las autoridades estadounidenses para la investigación y enjuiciamiento de crímenes.

Para que los titulares de la Visa U sean elegibles para ajustar su estatus a residente permanente legal y obtener una *Green Card*, deben cumplir con las siguientes condiciones:

❶ **Admisión legal**. Debe haber sido admitido en los Estados Unidos con una Visa U y estar físicamente presente en el país bajo ese estatus.

❷ **Presencia física**. Es necesario que haya mantenido una presencia física continua en los Estados Unidos durante al menos tres años desde la fecha de su admisión con la Visa U.

❸ **Cooperación con la Ley**. Debe haber cumplido con cualquier solicitud razonable de asistencia en la investigación o el enjuiciamiento de la actividad criminal por parte de las autoridades.

❹ **Admisibilidad**. No debe ser inadmisible bajo las secciones de inadmisibilidad de la ley de inmigración de Estados Unidos. Si hay motivos de inadmisibilidad, es posible que necesite solicitar una exención.

❺ **Justificación de presencia en Estados Unidos**. Debe demostrar que su presencia en los Estados Unidos es justificada sobre la base de razones humanitarias, para asegurar la continuidad de la justicia o por motivos de interés público.

Es importante destacar que no debe abandonar los Estados Unidos mientras su solicitud está pendiente, ya que la salida puede afectar negativamente su elegibilidad para la *Green Card*.

Como beneficiario de la Visa U, puede esperar los siguientes beneficios:

❶ **Permiso de trabajo**. Con la Visa U, usted recibirá autorización para trabajar legalmente en los Estados Unidos. También obtendrá un número de Seguro Social después de la aprobación de su visa.

❷ Oportunidad de residencia. Después de tres años con la Visa U y cumpliendo con los criterios de residencia continua, puede ser elegible para solicitar la residencia permanente (*Green Card*).

❸ Visas derivadas para familiares. Usted puede solicitar visas derivadas para ciertos familiares, dependiendo de su relación y su edad.

Es imperativo que los beneficiarios de la Visa U, así como los solicitantes potenciales, consulten con un abogado de inmigración para recibir asesoramiento personalizado y para asegurar que se maneje correctamente el proceso de ajuste de estatus a la residencia permanente legal. Las circunstancias individuales y los cambios en las políticas migratorias pueden afectar significativamente los requisitos y la elegibilidad.

Programa de Exención de Visa (VWP)

El Programa de Exención de Visa (VWP), administrado por el Departamento de Seguridad Nacional (DHS) y coordinado con el Departamento de Estado, permite a ciudadanos de 41 países viajar a los Estados Unidos por concepto de **turismo, negocios y tránsito, y permanecer por un período máximo de 90 días sin portar una visa.** A cambio, esos 41 países deben permitir a los ciudadanos y nacionales estadounidenses viajar a sus países por un período de tiempo similar sin visa para fines de negocios o turismo.

Desde su creación en 1986, el VWP ha evolucionado hasta convertirse en una asociación de seguridad integral con muchos de los aliados más cercanos de Estados Unidos. El VWP utiliza un enfoque de múltiples niveles basado en el riesgo para detectar y evitar que terroristas, delincuentes graves y otros actores de mala fe viajen a los Estados Unidos.

También incluye una **investigación exhaustiva** de los viajeros individuales del VWP antes de su salida hacia los Estados Unidos,

RESIDENCIA AMERICANA

al llegar a los puertos de entrada de los Estados Unidos y durante cualquier viaje aéreo posterior dentro del territorio estadounidense.

Los viajeros deben tener una aprobación válida del Sistema Electrónico de Autorización de Viaje (ESTA), que es un sistema automatizado en línea usado por Estados Unidos para determinar la elegibilidad de los visitantes que viajan bajo el Visa Waiver Program o VWP (por sus siglas en inglés), antes de viajar. Además, deben cumplir con todos los requisitos que se explican a continuación:

○ Ser **titular** de un pasaporte electrónico.

○ Disponer de un **ticket** de transporte para la salida de Estados Unidos.

○ **Autorización** de viaje en el sistema ESTA.

○ Haber realizado el **pago** de tasas para el procesamiento en el sistema ESTA.

Actualmente, estos son los **41 países** que participan del programa:

Andorra (1991)	Islandia (1991)
Australia (1996)	Irlanda (1995)
Austria (1991)	Israel (2023)
Bélgica (1991)	Italia (1989)
Brunéi (1993)	Japón (1988)
Chile (2014)	Corea, República de (2008)
Croacia (2021)	Letonia (2008)
República Checa (2008)	Liechtenstein (1991)
Dinamarca (1991)	Lituania (2008)
Estonia (2008)	Luxemburgo (1991)
Finlandia (1991)	Malta (2008)
Francia (1989)	Mónaco (1991)
Alemania (1989)	Países Bajos (1989)
Grecia (2010)	Nueva Zelanda (1991)
Hungría (2008)	Noruega (1991)

Visite nuestra página web.

Polonia (2019)	España (1991)
Portugal (1999)	Suecia (1989)
San Marino (1991)	Suiza (1989)
Singapur (1999)	Taiwán (2012)
Eslovaquia (2008)	Reino Unido (1988)
Eslovenia (1997)	

Según la **Ley de Mejora del Programa de Exención de Visa y Prevención de Viajes Terroristas de 2015**, los viajeros que son ciudadanos de los países que participan en el programa y que se encuentren en alguna de las siguientes categorías deben obtener una **visa antes de viajar** a los Estados Unidos, ya que ya no son elegibles para viajar bajo el Programa de Exención de Visa (VWP):

◐ Nacionales de países del VWP que hayan viajado o hayan estado presentes en la República Popular Democrática de Corea, Irán, Irak, Libia, Somalia, Sudán, Siria o Yemen a partir del 1 de marzo de 2011 (con excepciones limitadas para viajes con fines diplomáticos o militares). al servicio de un país VWP.

◐ Nacionales de países VWP que hayan viajado o estado presentes en Cuba a partir del 12 de enero de 2021 (con excepciones limitadas para viajes con fines diplomáticos o militares al servicio de un país VWP).

◐ Nacionales de países del VWP que también sean nacionales de Cuba, la República Popular Democrática de Corea, Irán, Irak, Sudán o Siria.

¿Qué es la inadmisibilidad?

La inadmisibilidad, en el contexto de la ley de inmigración de Estados Unidos, designa las circunstancias bajo las cuales a una persona se le puede **prohibir la entrada al país**, se le puede **denegar una visa** o un **ajuste de estatus**, o puede ser sujeta a **remoción**. Estas restricciones se definen en la Ley de

Inmigración y Nacionalidad (INA) y se aplican a una variedad de situaciones.

Las categorías de inadmisibilidad descritas por la INA incluyen, pero no se limitan a problemas de salud significativos, ciertos antecedentes penales, violaciones previas a las leyes de inmigración, amenazas a la seguridad nacional y la probabilidad de convertirse en una carga pública. La presencia de cualquiera de estos factores en el historial del solicitante puede resultar en un impedimento para entrar a los Estados Unidos.

Los motivos de inadmisibilidad más comunes son:

○ **Motivos de salud**. Incluyen enfermedades contagiosas importantes para la salud pública, o trastornos físicos o mentales que puedan representar un peligro para la persona o para otros.

○ **Motivos criminales**. Los delitos que pueden causar inadmisibilidad abarcan aquellos considerados de "vileza moral", delitos relacionados con drogas, y delitos graves. La condena por incluso un solo delito puede resultar en inadmisibilidad, dependiendo de las circunstancias del caso.

○ **Infracciones de inmigración**. Incluyen haber entrado a Estados Unidos sin la debida autorización o haber permanecido más tiempo del permitido por la visa, así como haber sido previamente removido o deportado de Estados Unidos.

○ **Seguridad nacional o terrorismo**. Una persona puede ser no admitida si se considera una amenaza para la seguridad del país, por haber participado en actos de terrorismo o apoyado a grupos terroristas.

○ **Riesgo de ser carga pública**. Si existe la posibilidad de que alguien dependa económicamente del gobierno de Estados Unidos para subsistir puede ser motivo para no permitir su entrada. Esto se evalúa según sea la salud, la edad, no disponer de recursos financieros suficientes, y habilidades educativas o laborales limitadas.

○ **Información falsa o engaño**. Proporcionar datos incorrectos o engañar en las solicitudes de inmigración o en los trámites de visa para recibir un beneficio migratorio puede resultar en inadmisibilidad.

Las consecuencias de ser declarado no admisible incluyen la **negativa de ingreso** al país en las fronteras, el **rechazo de visas** por parte de consulados o embajadas, y la posibilidad de ser sujeto a procedimientos de **deportación** si ya se encuentra en Estados Unidos.

No obstante, en ciertos casos es posible solicitar una exención de inadmisibilidad, que es un proceso especial donde se puede autorizar el ingreso a la persona a pesar de los factores que normalmente lo impedirían. Estas exenciones se otorgan de manera selectiva y suelen requerir que se demuestre que la no admisión causaría un perjuicio extremadamente grave a un familiar que sea ciudadano estadounidense o residente permanente legal.

! Importante

La complejidad del sistema de inmigración estadounidense, con sus numerosos procedimientos y requisitos, puede resultar abrumadora. Por esta razón, se sugiere buscar la orientación de un experto en leyes de inmigración. Un abogado especializado puede guiarlo a través de las intrincadas leyes y regulaciones, proporcionar asesoramiento detallado y desarrollar estrategias legales adaptadas a situaciones específicas, como la inadmisibilidad. Su propósito es lograr sus objetivos migratorios de manera efectiva y ordenada.

Capítulo 4
CUÁNTO TIEMPO TOMA OBTENER LA *GREEN CARD*

Esta es seguramente la pregunta más frecuente entre las personas que aspiran a obtener la residencia legal permanente en Estados Unidos. La respuesta nunca es inmediata ni sencilla, dado lo complejo, y a menudo incierto, del sistema de inmigración de

RESIDENCIA AMERICANA

Estados Unidos. Hay que partir del supuesto de que usted califica para una de las categorías de *Green Card*. Calificar por una u otra categoría es determinante para establecer la expectativa de tiempo de espera necesario para obtener su residencia permanente, pero no es el único factor que influye en la velocidad del proceso de aprobación.

Para muchos inmigrantes y sus familias, la espera puede ser angustiante, llena de incertidumbre y ansiedad sobre el futuro. El objetivo de esta guía es brindarle una comprensión clara y detallada de los factores que pueden influir en el tiempo de espera y ayudarlo a navegar por este proceso de manera más efectiva.

❗ Importante

¿Por qué a veces se refieren a las *Green Cards* como visas?
Cuando las autoridades de inmigración se refieren a cuotas o límites anuales de *Green Cards* para diferentes tipos de elegibilidad de *Green Card* es muy común que usen el término visa en lugar de *Green Card* por motivos técnicos. Disponer de una visa de inmigrante es un paso previo imprescindible para solicitar la *Green Card*. Si fue gestionada en el extranjero, necesitará la visa de inmigrante para ingresar a Estados Unidos. Y, si la solicitó ya estando en territorio estadounidense, se le asigna igualmente un número de visa, aunque no se la entreguen físicamente. Es por eso que las autoridades prefieren usar el término "visa" cuando **se refieren a cuotas y límites anuales** a la concesión de *Green Cards* según el tipo de elegibilidad.

Factores que influyen en los tiempos de espera

Los principales factores que influyen en los tiempos de espera para que le sea otorgada la residencia permanente o *Green Card* son los siguientes:

○ **Categoría de preferencia de visa.** La Ley de Inmigración de Estados Unidos establece límites anuales de visas por categorías de preferencia, que incluyen lazos familiares y empleo.

Algunas categorías tienen más demanda que oferta, y crean retrasos. Por ejemplo, las *Green Cards* basadas en **empleo** pueden tener **tiempos de espera más cortos** que las familiares o las basadas en programas de inversión.

⟳ **Límites por país.** Existen límites anuales en la cantidad de visas disponibles para ciudadanos de cada país. En países con alta demanda de visas de inmigración, como México, India, China y Filipinas, los tiempos de espera pueden ser significativamente más largos.

⟳ **Visas de inmediato disponibles.** Si el solicitante es un cónyuge, padre o hijo/a menor no casado/a de un ciudadano estadounidense (categoría inmediata), no está sujeto a límites de visas y, por lo tanto, el proceso suele ser más rápido.

⟳ **Retrasos administrativos.** El procesamiento de las aplicaciones puede retrasarse debido a la acumulación de casos, revisiones de seguridad adicionales y verificaciones de antecedentes.

⟳ **Cambios de política.** Modificaciones en las políticas migratorias y las prácticas administrativas pueden impactar en los tiempos de procesamiento de las solicitudes.

⟳ **Precisión de la solicitud.** Errores o inconsistencias en las solicitudes pueden causar retrasos. Las aplicaciones completas y precisas suelen procesarse más rápidamente.

⟳ **Actualizaciones de estatus del caso.** La rapidez con que los solicitantes responden a las solicitudes de información adicional o actualizan su información de contacto también puede afectar el tiempo de procesamiento.

⟳ **Cambios personales.** Cambios en el estado civil, laboral o familiar del solicitante durante el proceso pueden influir en la elegibilidad y el tiempo de espera. Por ejemplo, una madre que espera que un hijo ciudadano cumpla los 21 años para convertirse en elegible y así solicitar la visa por vínculo familiar.

⟳ **Recursos de USCIS.** La disponibilidad de recursos y personal de USCIS también puede influir en los tiempos de procesamiento de las aplicaciones.

nuevosamericanos.com

Importante

¿Por qué México, China, India y Filipinas sufren mayores retrasos?

La respuesta está en la cuota del 7%. Cada país recibe una **asignación del 7%** de las tarjetas de residencia disponibles para inmigrantes, ya sea por motivos familiares o laborales. Esto significa que cada nación tiene un límite máximo de 15.820 tarjetas de residencia para inmigrantes por motivos familiares (sobre un total de 226.000 otorgadas en un año) y 9.800 para inmigrantes por motivos laborales (sobre un total de 140.000) en cada año fiscal. En la práctica, esto resulta en que países con poblaciones muy diferentes, como Islandia, con una población de 370.000 personas, y la India, con una población de 1.400 millones, reciban el mismo número de tarjetas de residencia asignadas. Esta política deja a países con un alto número de solicitantes, como México, China, India y Filipinas, enfrentando considerables retrasos en el proceso de inmigración hacia Estados Unidos.

Cómo navegar con agilidad por los tiempos de espera

Es recomendable seguir ciertos pasos para no dilatar aún más los tiempos de espera para la resolución de su solicitud y actuar con mayor claridad y confianza en el proceso:

- **Comience el proceso lo antes posible:** Dada la imprevisibilidad de los tiempos de espera, es importante comenzar el proceso de solicitud de *Green Card* lo antes posible para evitar retrasos innecesarios.

- **Manténgase informado:** Esté al tanto de las últimas actualizaciones y cambios en las políticas de inmigración que puedan afectar los tiempos de espera y las opciones disponibles para obtener una *Green Card*.

- **Consulte con un profesional:** Busque la orientación de un abogado de inmigración calificado que pueda ayudarlo a comprender sus opciones, preparar su solicitud y navegar por el proceso de manera efectiva.

○ **Sea paciente y persistente:** La espera puede ser difícil, pero es importante mantener la paciencia y la perseverancia durante el proceso. Continúe siguiendo los pasos necesarios y proporcionando la información requerida para avanzar en su solicitud.

Tiempo de espera para familiares inmediatos de un ciudadano estadounidense

Los familiares inmediatos de ciudadanos estadounidenses no tienen cuotas anuales y sus solicitudes son inmediatamente procesadas. Disfrutan de **prioridad máxima**.

A efectos del sistema de inmigración de Estados Unidos, los siguientes parentescos son considerados **familiares inmediatos**:

○ Los cónyuges de un ciudadano estadounidense.

○ Los hijos no casados menores de 21 años de un ciudadano estadounidense.

○ Los padres de un ciudadano estadounidense (si el ciudadano estadounidense tiene 21 años o más).

○ Los viudos que estaban casados con ciudadanos estadounidenses al momento de la muerte del ciudadano.

Los **hijos** de ciudadanos estadounidenses deben **mantenerse solteros** hasta recibir su *Green Card*. Si cumplen los 21 años antes de recibir la *Green Card* aún siguen calificando siempre y cuando la petición fuese procesada (formulario I-130) cuando aún eran menores de 21 años.

Tiempo de espera para familiares según categorías de preferencia

Si usted no es familiar inmediato de un ciudadano estadounidense, igualmente **puede calificar por su relación familiar** con ciudadanos americanos o residentes legales permanentes. En general, los familiares de ciudadanos americanos gozan de mayor prioridad que los de residentes legales permanentes.

RESIDENCIA AMERICANA

Los familiares elegibles para solicitar una tarjeta de residente permanente se agrupan en las siguientes categorías de "inmigrantes preferenciales" basados en el parentesco familiar:

○ **Primera preferencia (F1):** Hijos no casados de ciudadanos estadounidenses, que sean solteros, viudos o divorciados y tengan 21 años o más.

○ **Segunda preferencia (F2A):** Cónyuges e hijos (no casados, menores de 21 años) de residentes permanentes legales.

○ **Segunda preferencia (F2B):** Hijos no casados, de 21 años o más, de residentes permanentes legales.

○ **Tercera preferencia (F3):** Hijos casados de ciudadanos estadounidenses.

○ **Cuarta preferencia (F4):** Hermanos de ciudadanos estadounidenses si el ciudadano estadounidense tiene 21 años o más.

Primera preferencia (F1)

Forman parte de esta categoría de preferencia los hijos e hijas no casados de ciudadanos estadounidenses (solteros, viudos o divorciados) y que tengan 21 años o más.

Es importante mencionar que existe un **límite anual** de 23.400 visas para esta categoría. A fecha de cierre de edición de esta guía, el tiempo de espera era de 9 años. Pero para ciudadanos de México, el tiempo de espera es mayor, 23 años concretamente. Ello se debe al mayor número de solicitudes de ciudadanos mexicanos, pero aplica igualmente la cuota del 7% explicada anteriormente. La información actualizada sobre los límites de visas y los tiempos de espera está disponible en el sitio web del Departamento de Estado en la sección del Boletín de Visas (*Visa Bulletin*) en travel.state.gov.

Segunda preferencia (F2A y F2B)

La segunda preferencia está integrada por estos familiares de residentes permanentes legales:

◉ **F2A:** Los cónyuges e hijos no casados menores de 21 años.

◉ **F2B:** Los hijos e hijas no casados mayores de 21 años.

En ambos casos, los hijos pueden ser solteros, viudos o divorciados.

El **cupo anual** para otorgar residencia permanente en la segunda categoría es de 114.200 a nivel mundial. De estos, el 77% (87.934) se asigna a F2A (cónyuges e hijos no casados menores de 21 años), de los cuales el 75% está exento de límite del 7% por país, que en este caso particular no aplica. A fecha de cierre de edición de esta guía, el tiempo de espera era de 3 a 4 años.

El otro 23% (26.266) del **cupo anual** para la segunda preferencia se asigna a F2B (hijos e hijas no casados mayores de 21 años). En este caso particular, sí aplica el límite del 7% por país. A fecha de cierre de edición de esta guía, el tiempo de espera era de 8 a 9 años. Para ciudadanos de México, el tiempo de espera era superior a los 20 años.

Tercera preferencia (F3)

La tercera preferencia la conforman los **hijos casados** de ciudadanos estadounidenses. El **cupo anual** para esta categoría es de 23.400 visas (*Green Cards*). El tiempo de espera a fecha del cierre de edición de esta guía era de 14 a 15 años. Para ciudadanos de México era aún mayor, cerca de 26 años de espera.

Cuarta preferencia (F4)

Forman parte de esta categoría los hermanos de ciudadanos estadounidenses, siempre que el ciudadano estadounidense tenga 21 años o más.

El **cupo anual** de visas en esta categoría es de 65.000. Y el tiempo de espera es el mayor de todos. A fecha de cierre de esta guía, el tiempo de espera era de 16 a 17 años, y de 23 a 24 años para ciudadanos de México.

nuevosamericanos.com

10 países sumaron el 75.7% de la lista de espera en visas patrocinadas por familiares en 2023

10 países con el mayor número de inscriptos en la lista de espera patrocinada por familias, 2023

País	Total de categorías patrocinadas por familiares
México	1.2 M
República Dominicana	283.7 K
Filipinas	279.6 K
India	254.2 K
Vietnam	223.5 K
Bangladesh	216.1 K
China	167.2 K
Pakistán	137.2 K
Haití	117.9 K
El Salvador	78.4 K
Todos los demás	951.9 K

Este recuento abarca solicitantes principales y familiares elegibles, incluidos cónyuges e hijos.
Fuente: Departamento de Estado.

Tiempo de espera para solicitudes basadas en el empleo

En el año fiscal estadounidense, que abarca desde el 1 de octubre hasta el 30 de septiembre, se disponen alrededor de 140,000 visas de inmigrante basadas en el trabajo conforme a lo establecido por las leyes de inmigración de Estados Unidos. Estas visas están organizadas en cinco categorías preferenciales y permiten que ciertos cónyuges e hijos se unan a los inmigrantes que emigran por razones laborales.

El procedimiento para la emisión de visas laborales sigue un orden estrictamente cronológico, determinado por la fecha en que se presentan las peticiones. Dicha fecha establece la **Fecha de Prioridad (Priority Date)** del solicitante. La emisión de la visa de inmigrante permanece en espera hasta que la Fecha de Prioridad del solicitante corresponda con la actual disponibilidad. Para algunas categorías sobresaturadas de demanda, puede surgir un período de espera prolongado, que a veces se extiende a varios años, antes de que se disponga de una Fecha de Prioridad.

! Importante

Comparación con la espera por motivos familiares

En comparación, los solicitantes de *Green Cards* por razones laborales a menudo enfrentan tiempos de espera significativamente más cortos que aquellos que las solicitan por motivos familiares. De la totalidad de la lista de espera de *Green Cards* actual, apenas un 4% aguarda por *Green Cards* debido a empleo, mientras que el 96% restante espera debido a peticiones familiares.

Al cierre de esta guía, los tiempos estimados de procesamiento para las categorías de preferencia de empleo, para solicitantes de países distintos a China, India, México y Filipinas, se detallan a continuación:

○ **Primera preferencia (EB-1):** Trabajadores prioritarios. Tiempo de procesamiento: inmediato.

- Extranjeros con aptitudes extraordinarias en las ciencias, las artes, la educación, los negocios, o los deportes.

- Profesores e investigadores sobresalientes.

- Algunos ejecutivos o gerentes de una multinacional.

○ **Segunda preferencia (EB-2):** Extranjeros que son miembros de las profesiones que requieren un posgrado o tienen una aptitud excepcional (incluidas las solicitudes para una exención por interés nacional). Tiempo de procesamiento: 12 a 18 meses.

○ **Tercera preferencia (EB-3):** Trabajadores especializados, profesionales y otros trabajadores. Tiempo de procesamiento: 12 a 36 meses.

○ **Cuarta Preferencia (EB-4):** Ciertos inmigrantes especiales (en otros capítulos se detalla quiénes pueden aplicar). Tiempo de procesamiento: 3 a 4 años.

○ **Quinta Preferencia (EB-5):** Visas para inversionistas. Tiempo de procesamiento: inmediato.

¿Es posible visitar Estados Unidos mientras espera?

La obtención de la residencia legal en los Estados Unidos puede extenderse por varios años. Mientras se resuelve su solicitud de residencia, es posible que desee visitar los Estados Unidos. Aunque haya iniciado el proceso para obtener la residencia permanente, podría explorar la opción de una visa de no inmigrante para visitas temporales. Sin embargo, obtener esta visa puede ser complicado ya que las autoridades migratorias suelen asumir que una persona con una solicitud de residencia en proceso tiene la intención de permanecer en el país a largo plazo, lo que contradice el propósito de una visa de no inmigrante.

Para ser elegible para una visa de no inmigrante bajo estas circunstancias, es necesario **demostrar lazos sólidos con su país de origen** que evidencien su intención de regresar tras su visita a Estados Unidos.

Las **visas de trabajo temporal**, como las categorías H y L, suelen ser una excepción. Estas visas pueden ser **más accesibles** para aquellos en espera de la resolución de su solicitud de residencia permanente, ya que se basan en la premisa de empleo a corto plazo en Estados Unidos.

Adicionalmente, los cónyuges e hijos de ciudadanos estadounidenses podrían considerar la visa K-3 y K-4, respectivamente, las cuales permiten al cónyuge e hijos entrar a los Estados Unidos mientras su proceso de *Green Card* está en curso. Históricamente, usted y los miembros de su familia podrían haber estado separados durante algún tiempo mientras estaban a la espera de una decisión sobre su Formulario I-130. El Congreso buscó resolver este problema mediante la creación de visas de no inmigrante K-3 y K-4 para acortar el tiempo que su familia tendría que pasar separado. Sin embargo, dado que el USCIS ahora toma menos tiempo para adjudicar el Formulario I-130, la necesidad actual de visas K-3 y K-4 no es común.

Capítulo 5
DÓNDE OBTENER INFORMACIÓN SOBRE SU TIEMPO DE ESPERA

Comprender los plazos de espera para la obtención de una *Green Card* es un aspecto fundamental en la planificación de su futuro en los Estados Unidos. La anticipación y la paciencia son claves mientras se despliega el proceso migratorio, un trayecto que puede estar lleno de incertidumbre si no se cuenta con las herramientas adecuadas para su seguimiento.

En las próximas páginas, encontrará una orientación clara sobre cómo y dónde buscar **información actualizada y precisa** sobre los tiempos de procesamiento de su solicitud de residencia. Esta guía le facilita los recursos necesarios para verificar el estado de su caso y entender mejor cómo los diferentes factores pueden influir en su línea de tiempo individual.

El propósito de esta guía es brindarle tranquilidad y control sobre su proceso migratorio, y que obtenga acceso a la información más reciente.

Información sobre aplicaciones de inmigración para familiares

Si usted es **familiar inmediato de un ciudadano estadounidense**, como un cónyuge, hijo/a menor de 21 años, o padre/madre (si el ciudadano es mayor de 21 años), puede encontrar orientación específica sobre los trámites de inmigración en el sitio web del Servicio de Ciudadanía e Inmigración de Estados Unidos (USCIS). La página web de USCIS dispone de recursos en español en uscis.gov/es. Para conocer los tiempos de procesamiento de casos, es necesario seleccionar el tipo de formulario y la oficina o centro de servicio de USCIS correspondiente. La página ofrece intervalos estimados, expresados en meses, para el procesamiento de diferentes tipos de casos en diversas oficinas.

En el caso de **parientes que no son familiares inmediatos**, como hermanos o hijos casados de ciudadanos estadounidenses, o familiares de residentes permanentes legales, se recomienda visitar el sitio web de la Oficina de Asuntos Consulares del Departamento de Estado en travel.state.gov. Aquí se puede consultar el *Visa Bulletin* para estimaciones sobre los tiempos de espera para la disponibilidad de visas en distintas categorías de preferencia familiar.

! Importante

Es clave recordar que el **año fiscal del gobierno de los Estados Unidos comienza el 1 de octubre**. Esta fecha es importante, ya que con ella se reinician los conteos anuales de visas disponibles por país y categoría. El Departamento de Estado utiliza el *Visa Bulletin* para informar sobre la disponibilidad de visas y los tiempos de espera, que pueden variar según la demanda por país y la categoría de preferencia.

Cómo interpretar el Boletín de Visas (*Visa Bulletin*)

El Departamento de Estado publica todos los meses el Boletín de Visas. Muestra qué solicitudes de tarjeta de residencia pueden avanzar, según cuándo se presentó originalmente la petición I-130 que inicia el proceso de tarjeta de residencia. También le permite estimar cuánto tiempo pasará antes de que pueda obtener su tarjeta de residencia en función de qué tan rápido se mueve la "fila" ahora. Una vez que haya presentado su petición I-130, podrá consultar el Boletín de Visas y ver cómo avanza su lugar en la fila. Entender cómo funciona este boletín y cómo afecta a los solicitantes es fundamental para aquellos que esperan obtener su *Green Card*

! Importante

Para los **familiares inmediatos de ciudadanos estadounidenses**, que comprenden cónyuges, hijos solteros menores de 21 años, y padres (si el ciudadano tiene al menos 21 años), **no se establecen límites numéricos anuales en las visas**. Esto significa que, a diferencia de otras categorías de preferencia familiar que enfrentan períodos de espera, estos familiares inmediatos pueden avanzar en su proceso de inmigración sin retrasos relacionados con la disponibilidad de visas.

Por tanto, **no es necesario que consulten el Boletín de Visas** para determinar cuándo pueden dar el siguiente paso hacia la residencia permanente. Tan pronto como se aprueba la petición familiar (Formulario I-130), pueden proceder sin tener que preocuparse por las cuotas de visas.

Cabe señalar que, aunque no enfrentan límites en el número de visas y no deben aguardar por una disponible, el proceso migratorio todavía incluye una serie de trámites que toman tiempo. Estos trámites abarcan desde la aprobación de la petición I-130 y el procesamiento consular o el ajuste de estatus, hasta la programación de la entrevista. A pesar de ello, tales procedimientos son ajenos a las restricciones numéricas y no están sujetos a las fechas publicadas en el Boletín de Visas.

La razón detrás del boletín de visas radica en la limitación impuesta por las autoridades sobre la cantidad de *Green Cards* que pueden ser emitidas anualmente. Con un límite total de 366.000 *Green Cards*, dividido en diferentes categorías, el número de solicitudes supera consistentemente esta cifra, generando retrasos significativos en el proceso de inmigración.

Como ya se aclara en esta guía, la distribución de *Green Cards* se realiza de acuerdo con un complejo sistema de categorías, siendo las más importantes las basadas en la familia (226.000) y en el empleo (140.000). Además, existe un límite del 7% por país de origen, lo que afecta especialmente a naciones con alta demanda como China, India, México y Filipinas.

La "Fecha de Prioridad" es un término fundamental en el proceso de inmigración a Estados Unidos y se refiere a la fecha en que el Servicio de Ciudadanía e Inmigración de los Estados Unidos (USCIS)

nuevosamericanos.com

recibe correctamente la petición de visa de inmigrante (Formulario I-130 o I-140) presentada por un patrocinador a favor del solicitante. Esta fecha establece el lugar del solicitante en la fila para obtener una *Green Card* y es esencial para el seguimiento del proceso.

Esta fecha es crucial porque determina cuándo el solicitante puede dar el siguiente paso hacia la obtención de la residencia permanente. Se informa al solicitante sobre su Fecha de Prioridad a través de la notificación del Formulario I-797, *Notice of Action*, que USCIS envía al aprobar la petición I-130.

! Importante

Es importante aclarar la distinción entre la Fecha de Aplicación o Solicitud y la Fecha de Prioridad en el contexto de la inmigración estadounidense:

La **Fecha de Solicitud** se refiere a la fecha real en la que se presenta una petición de inmigración o solicitud de visa ante USCIS o se recibe en el Departamento de Estado. Esta es la fecha en la que el proceso comienza oficialmente para el solicitante, marcando el inicio de su viaje migratorio. Para las categorías de visa que no están disponibles de inmediato debido a límites numéricos, la Fecha de Solicitud es cuando se presenta inicialmente la documentación, pero no determina el lugar del solicitante en la fila.

La **Fecha de Prioridad**, por otro lado, está específicamente asociada con aquellas peticiones de inmigración que están sujetas a límites numéricos anuales, como las categorías de preferencia patrocinadas por la familia y basadas en el empleo. La Fecha de Prioridad es la fecha en que el USCIS recibe la petición de inmigrante (formulario I-130 o I-140) y efectivamente reserva el lugar del solicitante en la cola para obtener una visa. La Fecha de Prioridad se vuelve crítica cuando hay un retraso en una categoría de visa en particular. Determina cuándo un solicitante puede seguir adelante con el proceso de visa, según la disponibilidad de visas, como se indica en el Boletín de Visas del Departamento de Estado.

En esencia, si bien la Fecha de Aplicación significa el comienzo del proceso de solicitud, la Fecha de Prioridad se utiliza para rastrear cuándo un solicitante puede seguir los siguientes pasos para obtener una visa en categorías limitadas. Es importante monitorear el Boletín de Visas para saber cuándo se actualiza la Fecha de Prioridad, lo que permite al solicitante solicitar una visa de inmigrante o ajustar su estatus a residente permanente.

En el Boletín de Visas, publicado mensualmente por el Departamento de Estado, encontramos las denominadas "Fechas de Corte" o "Fechas Límite". Estas representan las Fechas de Prioridad más recientes para las cuales los números de visa están disponibles, es decir, las fechas que están siendo procesadas actualmente. **Si la Fecha de Prioridad del solicitante es anterior a la "Fecha de Corte" indicada en el boletín, puede avanzar con su solicitud de visa de inmigrante o ajuste de estatus.**

Los solicitantes con una Fecha de Prioridad posterior a la "Fecha de Corte" publicada deberán esperar hasta que su Fecha de Prioridad se convierta en "actual" (*current* en inglés), lo que significa que ha llegado su turno para proceder con la solicitud.

Las Fechas de Acción Final
(Final Action Dates)

La información ofrecida en el cuadro de **Fechas de Acción Final** (*Final Action Dates*) indica qué Fechas de Prioridad han llegado al frente de la fila. Estas solicitudes de *Green Card* están listas para su aprobación en ese momento. Dicho de otro modo, indican cuándo una visa puede ser concedida y la *Green Card* puede ser emitida: es la fecha en la que el solicitante puede finalizar el proceso de inmigración, ya sea ajustando el estatus si se encuentra en los Estados Unidos u obteniendo la visa de inmigrante a través de un consulado si está en el extranjero. Si la Fecha de Prioridad del solicitante es anterior a la "Fecha de Acción Final" publicada en el Boletín de Visas, puede esperar que su visa esté disponible y que su caso sea finalizado próximamente.

Veamos el siguiente ejemplo, tomado de la página web de la Oficina de Asuntos Consulares del Departamento de Estado, a la fecha de cierre de edición de la presente guía. Primero se muestra el cuadro correspondiente a las solicitudes a través de la **familia**. Un poco más abajo, el mismo cuadro, pero para solicitudes a través de **empleo**.

RESIDENCIA AMERICANA

Fechas de Acción Final para los casos de preferencia patrocinados por la familia

Patrocinado por la familia	Todas las áreas, excepto las listadas	China continental	India	México	Filipinas
F1	08FEB15	08FEB15	08FEB15	01MAY01	01MAR12
F2A	22JUN20	22JUN20	22JUN20	15JUN20	22JUN20
F2B	22NOV15	22NOV15	22NOV15	22OCT03	22OCT11
F3	01OCT09	01OCT09	01OCT09	08SEP98	08JUN02
F4	08 JUN 07	08 JUN 07	15DIC 05	15OCT00	15JUN03

Fechas de Acción Final para los casos de preferencia basada en el empleo

En el gráfico siguiente, la indicación de una fecha para cualquier clase indica que la clase tiene un exceso de suscripciones; "C" significa actual (*current* en inglés), es decir, se autoriza la emisión a todos los solicitantes calificados; y "U" significa no autorizado, es decir, no están autorizados para su emisión.

! Importante

La publicación de una fecha para cualquier categoría indica que solo los solicitantes con una fecha de prioridad anterior a la fecha indicada pueden presentar su solicitud.

*La información de los cuadros fue extraída de la página web de la Oficina de Asuntos Consulares del Departamento de Estado, travel.state.gov/ en la sección *Visa Bulletin* y se actualiza mensualmente.

Basado en el empleo	Todas las áreas, excepto las listadas	China continental	India	México	Filipinas
1°	C	15JUL22	01OCT20	C	C
2°	22NOV22	01ENE20	01MAR12	22NOV22	22NOV22
3°	08SEP22	01SEP20	01JUL12	08SEP22	08SEP22
Otros trabajadores	08SEP20	01ENE17	01JUL12	08SEP20	01MAY20
4°	01DIC19	01DIC19	01DIC 19	01DIC19	01DIC19
Ciertos trabajadores religiosos	01DIC19	01DIC19	01DIC 19	01DIC19	01DIC19
5° Sin reservas (incluyendo C5, T5, I5, R5)	C	15DIC15	01DIC20	C	C
5ª Reservada: Rural (20%)	C	C	C	C	C
5° Reservada: Alto desempleo (10%)	C	C	C	C	C
5ª Reservada: Infraestructuras (2%)	C	C	C	C	C

Las Fechas de Presentación de Solicitudes (*Dates for Filing*)

La información ofrecida en el cuadro de **Fechas de Presentación de Solicitudes** (*Dates for Filing*) proporciona una indicación de cuándo los solicitantes deben estar preparados para presentar su solicitud de visa de inmigrante o ajuste de estatus. No significa que la visa o el ajuste de estatus se concederán inmediatamente. Estas Fechas de Presentación de Solicitudes suelen ser anteriores a las "Fechas de Acción Final", lo que permite a los solicitantes iniciar el papeleo y recopilar documentos necesarios para su caso. La preparación de las solicitudes puede llevarse a cabo antes de que una visa esté oficialmente disponible.

En resumen, las **Fechas de Acción Final** están relacionadas con la **disponibilidad de la visa y el momento** en que la misma puede ser emitida. Las **Fechas de Presentación de Solicitudes** se refieren al **momento** en que un solicitante puede empezar a **preparar y presentar su solicitud**, indicando que su Fecha de Prioridad podría llegar pronto a ser actual. Estas fechas son particularmente relevantes en categorías de visa con largos periodos de espera y permiten a los solicitantes una planificación más efectiva de su proceso de inmigración.

Lo anterior significa que, incluso con el retraso en la disponibilidad de visas, los **solicitantes pueden beneficiarse con una solicitud pendiente**. Por ejemplo, pueden solicitar un Documento de Autorización de Empleo y de Viaje (EAD/AP), que permite trabajar en los Estados Unidos y viajar internacionalmente mientras la solicitud está en trámite. Este beneficio ofrece mayor seguridad y flexibilidad laboral en comparación con visas específicas de empleador, como la H-1B.

Para aquellos en el proceso de inmigración basada en el **empleo**, presentar su solicitud más temprano también significa que pueden ser elegibles más rápidamente para la portabilidad bajo AC21, una disposición que permite cambiar de empleador sin tener que comenzar de nuevo el proceso de residencia permanente, sujeto a ciertas condiciones.

Los solicitantes basados en la **familia**, especialmente aquellos que no han trabajado en Estados Unidos, pueden encontrar en la EAD su primera oportunidad de empleo legal en el país, lo cual representa una ventaja considerable.

Recuerde

Es recomendable para los solicitantes revisar regularmente el Boletín de Visas y consultar con un abogado de inmigración para entender mejor cómo estas fechas pueden afectar su caso y para tomar las medidas apropiadas.

Veamos el siguiente ejemplo, tomado de la página web del Oficina de Asuntos Consulares del Departamento de Estado, a la fecha de cierre de edición de la presente guía. Como antes, primero se muestra el cuadro correspondiente a las solicitudes a través de la **familia** y, a continuación, para solicitudes a través de **empleo**.

Observe también cómo interpretar la tabla de Fecha de Presentación de Solicitudes. Cada mes, el Departamento de Estado emite este boletín de visas, que incluye las *Dates for Filing* para diferentes categorías de visas basadas en la familia y el empleo.

Para usar esta fecha, debe mirar la categoría correspondiente y el país de origen. Si la Fecha de Prioridad del solicitante es anterior a la fecha listada para su categoría y país, puede presentar la documentación necesaria.

Recuerde que, aunque haya presentado la documentación, esto no significa que la visa o el ajuste de estatus serán inmediatamente aprobados o adjudicados. La *Final Action Date*, Fecha de Acción Final, debe ser actual antes de que eso ocurra.

Fechas para presentar Solicitudes de visa patrocinadas por la familia

La tabla a continuación refleja las fechas para presentar solicitudes de visa. Los solicitantes de visas de inmigrante que tienen una Fecha de Prioridad **anterior** a la Fecha de Solicitud en la tabla a continuación pueden reunir y presentar los documentos requeridos al Centro Nacional de Visas del Departamento de Estado, después de recibir la notificación del propio Centro Nacional de Visas que contiene instrucciones detalladas. La Fecha de Solicitud para una categoría con exceso de solicitudes es la Fecha de Prioridad del primer solicitante que no puede presentar documentación al Centro Nacional de Visas para una visa de inmigrante.

"C" indica que la categoría es actual y que las solicitudes pueden presentarse independientemente de la Fecha de Prioridad del solicitante. La indicación de una fecha para cualquier categoría indica que solo los solicitantes con una **Fecha de Prioridad anterior** a la fecha indicada pueden presentar su solicitud.

Visite uscis.gov/visabulletininfo para obtener información sobre si USCIS ha determinado que esta tabla se puede usar este mes para presentar solicitudes de ajuste de estatus con USCIS, lo que se explica con más detalle más adelante.

Patrocinado por la familia	Todas las áreas, excepto las listadas	China continental	India	México	Filipinas
F1	01SEP17	01SEP17	01SEP17	01ABR05	22ABR15
F2A	01SEP23	01SEP23	01SEP23	01SEP23	01SEP23
F2B	01ENE17	01ENE17	01ENE17	01AGO04	01OCT13
F3	01MAR10	01MAR10	01MAR10	15JUN01	08NOV03
F4	01MAR08	01MAR08	22FEB06	15ABR01	22ABR04

Fechas para la Presentación de Solicitudes de visa basada en el empleo (ver en la página siguiente)

Basado en el empleo	Todas las áreas, excepto las listadas	China continental	India	México	Filipinas
1°	C	01ENE23	01ENE21	C	C
2°	15FEB23	01JUN20	15MAYO12	15FEB23	15FEB23
3°	01FEB23	01JUL21	01AGO12	01FEB23	01ENE23
Otros trabajadores	15DIC20	01JUN17	01AGO12	15DIC20	15MAYO20
4°	01ENE20	01ENE20	01ENE20	01ENE20	01ENE20
Ciertos trabajadores religiosos	01ENE20	01ENE20	01ENE20	01ENE20	01ENE20
5° Sin reservas (incluyendo C5, T5, I5, R5)	C	01ENE17	01ABR22	C	C
5° Reservada: (Rural - 20%)	C	C	C	C	C
5° Reservada: (Alto desempleo - 10%)	C	C	C	C	C
5ª Reservada: (Infraestructura - 2%)	C	C	C	C	C

RESIDENCIA AMERICANA

La información de los cuadros fue extraída de la página web de la Oficina de Asuntos Consulares del Departamento de Estado, travel.state.gov/ en la sección *Visa Bulletin* y se actualiza mensualmente.

Cuándo presentar su Solicitud de Ajuste de Estatus para visas de preferencias basadas en patrocinio familiar o en el empleo

Las Fechas de Presentación de Solicitudes que aparecen en el Boletín de Visas del Departamento de Estado generalmente se aplican a aquellos que están buscando obtener una *Green Card* estando fuera de los Estados Unidos.

Sin embargo, para individuos que ya residen en los Estados Unidos y buscan ajustar su estatus, USCIS provee información relevante a través de su página "Tablas del Boletín de Visas sobre Presentación de Ajuste de Estatus", disponible en uscis.gov/es para los hablantes de español. **Cada mes, USCIS publica cuándo los solicitantes pueden presentar su Formulario I-485**, basándose en las "Fechas de Presentación de Solicitudes" o las "Fechas de Acción Final" del Boletín de Visas.

USCIS, en concordancia con el Departamento de Estado, puede permitir a los solicitantes usar las "Fechas de Presentación de Solicitudes" para presentar sus ajustes de estatus si hay más visas disponibles que la cantidad de aplicantes para ese año fiscal. Si las visas son limitadas, los solicitantes deberán guiarse por las "Fechas de Acción Final" para saber cuándo pueden presentar su solicitud.

Para los solicitantes que ya se encuentran en Estados Unidos, utilizar las "Fechas de Presentación de Solicitudes" ofrece la ventaja de poder presentar su solicitud de ajuste de estatus (Formulario I-485) más temprano. Esto les permite, en muchos casos, solicitar simultáneamente un Documento de Autorización de Empleo (EAD) y un Documento de Viaje (*Advance Parole*), lo cual les proporciona la posibilidad de trabajar legalmente y viajar al exterior mientras su solicitud está siendo procesada.

Visite nuestra página web.

Importante

Es muy importante que los solicitantes dentro de los Estados Unidos se mantengan informados sobre las **actualizaciones mensuales** de USCIS para tomar las medidas adecuadas en su proceso de solicitud y aprovechar los beneficios que el ajuste de estatus ofrece.

Capítulo 6
EL PROCESO DE SOLICITUD DE LA *GREEN CARD*

En este capítulo obtendrá una guía del proceso de solicitud de una *Green Card*; en los posteriores, el detalle de qué hacer para cada tipo de solicitud específica. Además, podrá comprender en profundidad qué estrategias emplear para navegar eficientemente este proceso. Cada caso tiene sus requerimientos propios.

Recuerde

El proceso puede ser largo y a veces complicado, pero una preparación cuidadosa y un conocimiento profundo de los pasos pueden ayudar a simplificar la solicitud de una *Green Card*.

Paso a paso en la solicitud de una *Green Card*

Cada uno de estos pasos requiere atención y una comprensión clara de los requisitos y procedimientos. Como regla general, es recomendable **leer atentamente** la documentación requerida y lo solicitado en cada formulario. Debe seguir al detalle todas las instrucciones proporcionadas por USCIS o el consulado, así como mantener una comunicación abierta y frecuente con los patrocinadores o empleadores durante el proceso.

Prepárese para los costos asociados, que pueden incluir tarifas de procesamiento, exámenes médicos, y probablemente, servicios legales. Tenga siempre en cuenta el tiempo de procesamiento y cualquier posible retraso, considere que los períodos de espera pueden ser largos y sea proactivo en el seguimiento de su caso.

Estos son los **8 pasos** del proceso de solicitud de una *Green Card*, la que le permitirá residir permanentemente y de forma legal en los Estados Unidos:

❶ Determinar la elegibilidad.

    a) Identificar bajo qué categoría específica califica para la *Green Card* (por ejemplo, familiar, empleo, refugiado/asilo).

    b) Verificar si cumple con todos los requisitos de la categoría seleccionada.

❷ Petición inicial.

    a) En la mayoría de los casos, se requiere que un patrocinador (familiar o empleador) presente la petición correspondiente ante el USCIS. Las autopeticiones son posibles en ciertas circunstancias especiales.

    b) Utilizar el Formulario **I-130** para casos familiares, o el **I-140** para empleo.

    c) Pagar las tarifas aplicables e incluir evidencia de respaldo.

❸ Espera por disponibilidad de visa.

    a) Si la categoría de visa está limitada por cuotas anuales, monitorear la Fecha de Prioridad y el Boletín de Visas.

    b) Mantener un estatus migratorio válido si se encuentra dentro de los Estados Unidos.

❹ Solicitud de Visa o Ajuste de Estatus.

    a) Una vez que la Fecha de Prioridad sea actual, se puede aplicar para una visa de inmigrante a través de un consulado de Estados Unidos (procesamiento consular) o, si ya está en Estados Unidos, solicitar un ajuste de estatus.

b) Realizar el examen médico requerido y presentar el Formulario **I-864**, Declaración Jurada de Patrocinio Económico, para demostrar solvencia económica.

⑤ Entrevista y revisión de documentación.

a) Asistir a la entrevista programada, ya sea en un consulado o con el USCIS.

b) Presentar cualquier documentación adicional requerida.

⑥ Verificaciones de seguridad y antecedentes.

a) Completar las verificaciones de seguridad y antecedentes requeridas.

b) Abordar cualquier motivo de inadmisibilidad y, si procede, solicitar exenciones.

⑦ Decisión final sobre la solicitud.

a) Esperar la decisión del USCIS o del consulado sobre su solicitud.

b) En caso de aprobación, completar los pasos finales para obtener la *Green Card*.

c) En caso de denegación, entender las razones y evaluar opciones como la apelación o la presentación de una nueva solicitud.

⑧ Recepción de la *Green Card*.

a) Si ya está en Estados Unidos, la *Green Card* se enviará por correo.

b) Si está fuera, se le colocará un sello de visa de inmigrante en el pasaporte para permitirle la entrada a Estados Unidos como residente permanente.

Presentar la petición: consejos y recomendaciones

Aplicar para una *Green Card* es un paso significativo y muy importante. Una **planificación** cuidadosa y una **preparación** exhaustiva pueden hacer una diferencia sustancial en el resultado de su aplicación. Durante el proceso de aplicación para una *Green Card*, existen varios consejos y recomendaciones que pueden ayudarle en el proceso de manera eficiente.

- **Analice su camino específico**. Las diferentes categorías de elegibilidad tienen sus propios requisitos. Conozca en detalle el camino específico que está utilizando para aplicar, ya sea a través de la familia, empleo, asilo o alguna otra categoría especial.

- **Recolecte los documentos necesarios con anticipación**. La documentación es clave en el proceso de la *Green Card*. Reúna los documentos necesarios lo antes posible, como certificados de nacimiento y de matrimonio, verificaciones de empleo y cualquier otro papel relevante. Siempre es mejor proporcionar más evidencia que menos. Si dispone de documentos adicionales que puedan respaldar su caso, probablemente le podrá facilitar el proceso.

- **Organice su aplicación**. Mantenga los documentos de su aplicación organizados. Utilice una lista de verificación para asegurarse de que todas las partes de la aplicación estén completas y en el orden correcto. Los errores o las omisiones pueden causar retrasos significativos.

- **Mantenga el estatus legal**. Si ya se encuentra en Estados Unidos, asegúrese de mantener su estatus legal mientras su aplicación de *Green Card* está pendiente. Superar el tiempo permitido por su visa puede ocasionarle complicaciones.

- **Consulte con un abogado**. Este libro brinda una orientación general, pero cada caso es único, por lo que la consulta con un profesional en leyes de inmigración resultará una ayuda extremadamente beneficiosa. Aunque muchas personas navegan el proceso por su cuenta con éxito, un abogado le proporcionará orientación valiosa adaptada a su situación específica.

- **Prepárese para los costos**. Hay varias tarifas asociadas con el proceso de aplicación para la *Green Card*, como las tarifas de presentación de documentos y de biometría. Planifique su presupuesto para estos gastos en consecuencia.

○ **Siga las instrucciones del USCIS cuidadosamente**. Al completar los formularios y preparar su paquete de aplicación, siga las instrucciones de USCIS cuidadosamente. Los errores pueden retrasar su aplicación o llevar a denegaciones.

○ **Monitoree su caso**. Después de presentar la solicitud, controle el estado de su caso en línea mediante su número de caso. Si hay actualizaciones o solicitudes de evidencia adicional, responda de manera oportuna.

○ **Prepárese para la entrevista**. Si se requiere una entrevista, prepárese a fondo. Practique las respuestas a las preguntas comunes y organice sus documentos para que estén fácilmente accesibles durante la misma.

○ **Manténgase informado**. Actualícese sobre cualquier cambio en las leyes o políticas de inmigración que podrían afectar su aplicación.

○ **Sea paciente pero proactivo**. El proceso puede llevar tiempo, por lo que la paciencia es necesaria. Sin embargo, sea proactivo al abordar cualquier problema o retraso que surja.

○ **Sea honesto**. Siempre proporcione información veraz. La tergiversación puede llevar a consecuencias serias, incluyendo la negación de la *Green Card* y de beneficios de inmigración futuros.

¿Qué hacer después de enviar la solicitud?

Una vez que su solicitud de *Green Card* ha sido enviada, el proceso no concluye, sino que entra en una nueva fase que requiere su atención y paciencia. A continuación, veremos qué puede esperar y cómo manejar cada paso.

Tras la presentación, el USCIS emite un recibo de confirmación. Este recibo es la prueba de que su solicitud está siendo procesada. Además, contiene un **número de seguimiento** que es esencial para verificar el estatus de su caso en línea o por teléfono. Este número es crucial en caso de que necesite comunicarse con USCIS para obtener información sobre su caso.

nuevosamericanos.com

RESIDENCIA AMERICANA

Durante el proceso, el USCIS enviará varias **notificaciones** oficiales:

❶ **Recibo de solicitud**. Este documento confirma que USCIS ha recibido su solicitud y ha comenzado a procesarla.

❷ **Aprobación de la petición**. Una vez que su petición ha sido revisada y cumple con todos los requisitos, recibirá una notificación indicando su aprobación.

❸ **Cita para biometría**. Se le citará para tomar sus huellas dactilares, fotografía y, posiblemente, un examen de firma. Esto se realiza para verificar su identidad y para realizar los chequeos de antecedentes necesarios.

❹ *Request for evidence* **(RFE)**. Si el USCIS necesita información adicional para tomar una decisión sobre su solicitud, le enviará un RFE. Es importante responder a estos pedidos dentro del plazo especificado, generalmente 60 a 90 días, y proporcionar toda la información o documentación requerida.

❺ **Cita para entrevista**. Algunas solicitudes requieren una entrevista personal con un oficial de USCIS. Se le notificará la hora, fecha y lugar donde debe presentarse.

❻ **Notificación de la decisión**. Una vez que todas las partes de su solicitud hayan sido evaluadas, USCIS le enviará una notificación final con la decisión sobre su solicitud.

Cómo prepararse para la entrevista

La entrevista es un paso crítico en el proceso. Debe prepararse muy bien y no dejar nada al azar. A continuación, se detalla una serie de recomendaciones para poder llegar a la entrevista lo más preparado posible:

○ **Conozca bien su caso**. Revise su solicitud y toda la documentación que ha presentado, ya que es probable que el oficial de USCIS le haga preguntas basadas en esta información.

○ **Prepare la documentación**. Lleve consigo todos los documentos que respaldan su solicitud, como pasaportes, certificados y resultados de exámenes médicos.

○ **Practique, practique y practique**. Considere repasar todas las veces que sea necesario las preguntas comunes de entrevistas para estar preparado y tranquilo.

○ **Preséntese bien vestido y con aspecto profesional**. Su presentación personal y puntualidad pueden impactar positivamente la percepción del oficial sobre su seriedad y compromiso con el proceso.

Posibles retrasos y solicitudes de evidencia adicional

Es fundamental no solo responder a tiempo a las solicitudes del USCIS, sino también mantenerse al tanto de los cambios en las políticas o procedimientos que podrían afectar su caso. Un manejo proactivo y una comunicación clara con las autoridades de inmigración son esenciales para avanzar hacia la aprobación de su *Green Card*.

Si su caso se retrasa o recibe un RFE, solicitud de evidencia adicional, siga estos pasos:

❶ **Responda rápidamente a los RFE**. Organice los documentos adicionales requeridos y responda antes de la fecha límite impuesta por el USCIS.

❷ **Consulte el estatus de su caso**. Si no hay novedades en su caso después de un tiempo razonable, puede solicitar una actualización o chequeo de su estatus a través del portal de USCIS o llamando al centro de servicio.

❸ **Permanezca proactivo**. Si hay retrasos, considere contactar a un representante del USCIS o incluso a un congresista para obtener asistencia.

❹ **Mantenga la calma**. Los retrasos pueden ser frustrantes, pero es importante mantener la calma y seguir los procedimientos adecuados para la resolución de problemas.

nuevosamericanos.com

Desafíos comunes y soluciones en el proceso de solicitud de una *Green Card*

En el proceso de solicitud de una *Green Card*, los solicitantes pueden encontrarse con varios obstáculos. Enfrentar estos desafíos requiere un enfoque metódico y, a menudo, la ayuda de profesionales en leyes de inmigración. Aquí se detallan algunos de los **desafíos** más comunes y las **soluciones** aplicables para cada uno.

⊙ **Falta de evidencia suficiente**. No proveer suficiente evidencia para cumplir con los requisitos de elegibilidad.

- Reúna y presente una amplia gama de documentos que demuestren claramente su elegibilidad. Esto puede incluir desde registros financieros y certificados de nacimiento, hasta cartas de recomendación y evidencia de una relación genuina si es el caso.

⊙ **Errores en la solicitud**. Cometer errores u omitir información en los formularios de solicitud.

- Revise meticulosamente todos los formularios antes de presentarlos. Permita que otra persona revise su aplicación también, y considere el uso de servicios profesionales para garantizar la precisión.

⊙ **Cambios en la situación personal**. Cambios en su situación personal, como matrimonio, divorcio o nacimiento de hijos, pueden afectar su elegibilidad.

- Informe al USCIS sobre cualquier cambio lo antes posible y ajuste su solicitud en consecuencia.

⊙ **Problemas de comunicación con el USCIS**. No recibir notificaciones del USCIS a tiempo puede llevar a perder citas importantes o a no responder a RFE (Requerimientos de información adicional).

- Asegúrese de que el USCIS siempre tenga su dirección actual. Configure alertas electrónicas y revise su buzón de correo con regularidad.

⊙ **Inadmisibilidad por razones de salud, criminales o previas violaciones de inmigración**. Ciertos problemas de salud, antecedentes penales o violaciones anteriores de la ley de inmigración pueden hacer a alguien inadmisible.

- Explore las posibilidades de obtener exenciones y consulte con un abogado para evaluar si se aplican a su caso.

⊙ **Límites de visas y retrocesos en el Boletín de Visas**. Algunas categorías de *Green Cards* están sujetas a límites anuales, lo que puede resultar en largos tiempos de espera.

- Manténgase informado sobre el estado de su Fecha de Prioridad y explore alternativas legales para su situación, como visas de no inmigrantes en el ínterin.

⊙ **Retrasos prolongados en el procesamiento**. Los tiempos de procesamiento pueden ser extensos y afectar a su planificación.

- Mantenga su estatus migratorio legal en todo momento y considere solicitar un permiso de trabajo provisional o un documento de viaje si cumple con los requisitos.

⊙ **Inadmisibilidad por probabilidad de carga pública**. La regla de carga pública puede hacer que personas que podrían necesitar ayuda del gobierno sean inadmisibles.

- Presente un *Affidavit of Support* (Declaración Jurada de Patrocinio Económico) sólido y demuestre su autosuficiencia financiera. Encuentre un patrocinador financiero adicional si fuera el caso, o presente pruebas adicionales de activos o ingresos.

⊙ **Rechazo por razones de seguridad nacional**. Cuestiones relacionadas con la seguridad nacional pueden causar negaciones o demoras significativas.

- Si no hay problemas legítimos de seguridad nacional relacionados con su caso, un abogado puede ayudar a aclarar el malentendido o presentar la documentación necesaria para superar el rechazo.

○ **Dificultades con la barrera del idioma.** Tener problemas para entender la documentación o comunicarse eficazmente en inglés.

• Utilice servicios de traducción o busque ayuda de un intérprete cualificado. Algunos abogados de inmigración ofrecen servicios en múltiples idiomas.

Cómo lidiar con las negaciones en el proceso de solicitud de una *Green Card*

Las negaciones en el proceso de solicitud de una *Green Card* pueden ser desalentadoras, pero no siempre son el fin del camino. El proceso de lidiar con una negación requiere una cuidadosa consideración y, a menudo, asesoramiento experto. No todas las negaciones se pueden revertir, pero un entendimiento claro de sus opciones y derechos legales es esencial para tomar la mejor decisión sobre cómo proceder.

Hay **9 pasos** específicos que se pueden seguir para abordar y posiblemente revertir una negación. Son los siguientes:

✱ **Paso 1.** Comprenda la razón de la negación.

Es fundamental entender por qué se denegó la solicitud. El USCIS proporcionará una notificación que explica las razones específicas de la negación. Las razones comunes incluyen la falta de pruebas suficientes de elegibilidad, la inadmisibilidad por motivos de salud o seguridad, o los errores en la solicitud.

✱ **Paso 2.** Revise la decisión.

Examine la decisión de negación cuidadosamente para identificar cualquier posible error de hecho o de derecho por parte del USCIS. Considere si hay nueva información o circunstancias que no se presentaron inicialmente y que podrían afectar la decisión.

✱ **Paso 3.** Considere presentar apelaciones y mociones.

Se puede presentar una apelación ante el USCIS o el Consejo de Apelaciones de Inmigración (BIA, por sus siglas en inglés) si se cree que la decisión fue incorrecta. Las mociones para reconsiderar están basadas en la presentación de nuevas pruebas o argumentos legales que no se consideraron anteriormente.

Las mociones para reabrir se basan en hechos nuevos que no se conocían ni se pudieron haber conocido en el momento de la decisión original.

✱ Paso 4. Contemple presentar una nueva solicitud.

Si las circunstancias han cambiado o si pueden corregir los errores en su aplicación original, puede ser posible presentar una nueva solicitud de *Green Card*.

✱ Paso 5. Obtenga asesoramiento legal.

Un abogado especializado en inmigración puede ofrecer una evaluación crítica de la negación y aconsejar sobre la viabilidad de apelar, la presentación de una moción o el reenvío de la solicitud. Un abogado puede también representar al solicitante en todos los procedimientos legales, lo que incrementa las posibilidades de éxito.

✱ Paso 6. Prepárese para la apelación o moción.

Si decide proceder con una apelación o una moción, prepare un argumento sólido y reúna todas las pruebas pertinentes para respaldar su caso. Esté consciente de los plazos. La ley de inmigración suele tener plazos estrictos para apelar o presentar mociones después de una decisión.

✱ Paso 7. Gestione bien las emociones y no deje de planificar.

Una negación puede resultar frustrante. Mantenga una perspectiva equilibrada y planifique cuidadosamente los siguientes pasos. Explore todas las alternativas legales disponibles, incluyendo otro tipo de visas que puedan estar disponibles para usted.

✱ Paso 8. Tenga en cuenta las consideraciones financieras.

Tenga en cuenta que las apelaciones y las mociones involucran costos adicionales, incluidas las tarifas legales y de presentación. Evalúe el costo-beneficio de continuar el proceso contra otras opciones migratorias.

✱ Paso 9. Prepárese para la reevaluación.

Si su apelación o moción es aceptada, prepárese para una nueva evaluación de su caso. En algunos casos, se puede requerir una nueva entrevista o la presentación de documentos adicionales.

Exenciones y amparos legales en el proceso de solicitud de una *Green Card*

En el marco jurídico migratorio de Estados Unidos, los aspirantes a la residencia permanente disponen de diversos mecanismos de amparo y exenciones legales que pueden sortear ciertos impedimentos que, de lo contrario, les negarían dicho estatus.

La implementación adecuada de exenciones y amparos es una faceta delicada del sistema migratorio estadounidense. Manejarlos de manera precisa puede marcar la diferencia entre la concesión o el rechazo de la residencia permanente. Por ende, se recomienda insistentemente la supervisión de estos trámites por un experto en leyes de inmigración.

Exenciones de Inadmisibilidad

Algunos solicitantes pueden ser considerados inadmisibles; sin embargo, cuentan con la posibilidad de pedir exenciones. Estas autorizaciones especiales que otorga el USCIS eximen ciertos motivos de inadmisibilidad que normalmente obstaculizarían la adquisición de una *Green Card*. Entre las exenciones más habituales figuran:

○ **Exenciones por razones de inadmisibilidad**. Incluyen la exención **I-601**, aplicable a casos de presencia ilegal o ciertos delitos. Cada exención demanda criterios específicos y una argumentación sólida para su otorgamiento.

○ **Ajustes de Estatus especiales**. Situaciones específicas, como haber sido víctima de ciertos delitos (**visa U**) o de trata de personas (**visa T**), habilitan ajustes de estatus excepcionales.

Amparos legales especiales

Dentro de los amparos legales especiales contemplados por las autoridades de Estados Unidos, se destacan:

○ **Visas U y T**. Como vimos recién, son concedidas a víctimas de determinados crímenes y de trata de personas, respectivamente. Estas visas pueden conducir a la residencia permanente bajo condiciones específicas.

○ **La Ley de Violencia Contra las Mujeres (VAWA)** permite a ciertos cónyuges e hijos de ciudadanos estadounidenses o residentes permanentes presentar una petición por sí mismos si han sido víctimas de abuso o crueldad extrema.

○ **Estatus de Protección Temporal (TPS).** Autoriza a ciudadanos de países en situaciones de emergencia a permanecer en Estados Unidos por un periodo limitado.

! Importante

Cuándo buscar ayuda legal
Buscar la asistencia de un abogado especializado en inmigración no es una admisión de derrota, sino un paso **proactivo** para abordar los desafíos de una manera informada y efectiva. Un abogado con experiencia puede proporcionar un análisis detallado de su situación y ofrecer una estrategia legal para superar los obstáculos que pueda enfrentar en el proceso de la *Green Card*.
Es aconsejable buscar ayuda legal si se encuentra en alguna de estas situaciones:

• Si su caso es complejo debido a su historial de inmigración o antecedentes penales.

• Si ocurren cambios en las leyes o políticas de inmigración.
Dado que la ley de inmigración cambia con frecuencia, es crucial mantenerse al día con las actualizaciones que pueden afectar su caso.

• Si se enfrenta a una negación de su solicitud o a problemas de inadmisibilidad, un abogado puede ayudar a navegar las complejas leyes y regulaciones.

• Si su caso no avanza o si recibe múltiples peticiones de evidencia, puede ser útil obtener asistencia legal.

Capítulo 7
PETICIONES DE *GREEN CARD* A TRAVÉS DE UN FAMILIAR

La **reunificación familiar** constituye un pilar esencial en las normativas de inmigración de Estados Unidos, ya que brinda a sus ciudadanos y residentes la **posibilidad de acoger a sus parientes más cercanos** en esta tierra de amplias posibilidades.

Si usted es un ciudadano americano, residente legal o refugiado, esta sección de la guía le explica cómo gestionar que sus familiares puedan inmigrar (residir permanentemente) a los Estados Unidos.

Cómo ayudar a un familiar a inmigrar

Su **condición inmigratoria** determina qué familiares (o futuros familiares como prometido/a o futuros hijos adoptivos) pueden ser elegibles para recibir beneficios de inmigración. Para poder ayudar a un miembro de su familia a inmigrar a los Estados Unidos, usted debe ser:

○ Ciudadano de los Estados Unidos o

○ Residente Permanente (en posesión de una *Green Card*) o

○ Refugiado admitido como tal en los últimos 2 años o asilado al que se le concedió asilo en los últimos 2 años.

> **!** **Importante**
>
> Condiciones especiales aplican si usted o un familiar suyo es un miembro de las Fuerzas Armadas de los Estados Unidos. Para más información visite la sección de "Ciudadanía para familiares de militares" de la página web del USCIS (uscis.gov/es para contenidos en español).

Como leyó en capítulos previos, un ciudadano de otro país que desea vivir de manera permanente en Estados Unidos necesita una visa de inmigrante. Para aplicar a esta visa a través de un familiar, es necesario que un familiar cercano, que sea ciudadano estadounidense o residente permanente legal (poseedor de una *Green Card*) y tenga al menos 21 años, lo patrocine.

Las visas de inmigrantes familiares se dividen en dos grupos:

○ **Visa para pariente inmediato**. Esta categoría incluye a los familiares más cercanos de ciudadanos estadounidenses, tales como esposos, hijos menores de edad y padres. Para estas visas, no hay un límite anual en la cantidad de inmigrantes que pueden ser admitidos.

○ **Visa de Preferencia Familiar**. Estas visas están destinadas a ciertas relaciones familiares un poco más lejanas con ciudadanos estadounidenses, así como algunos parentescos específicos con residentes permanentes legales (LPR, por sus siglas en inglés). La cantidad de visas emitidas en estas categorías está sujeta a un límite anual.

Recuerde

Un **ciudadano** estadounidense puede patrocinar a un rango amplio de familiares inmediatos y familiares preferentes para la inmigración a Estados Unidos.

Un **residente legal permanente** tiene la capacidad de patrocinar solo a cónyuges e hijos no casados.

Qué familiares califican

Como **ciudadano** estadounidense, usted podrá reclamar a los familiares con los siguientes **parentescos** peticionando para ellos la residencia legal permanente o *Green Card*:

RESIDENCIA AMERICANA

- Cónyuge.
- Hijos (no casados y menores de 21 años).
- Hijos (casados y/o de 21 años o mayores).
- Padres, si usted tiene 21 años o más.
- Hermanos, si usted tiene 21 años o más.

Los **ciudadanos** estadounidenses pueden patrocinar también a sus **prometidos** que viven fuera de Estados Unidos y a sus hijos menores de 21 años para la visa de no inmigrante K-1. La visa K-3 para el cónyuge y la visa K-4 para los hijos solteros menores de 21 años permiten a los familiares entrar a Estados Unidos mientras esperan la finalización del proceso de inmigración.

Como **residente legal permanente**, usted podrá peticionar a los familiares con los siguientes parentescos:

- Cónyuge.
- Hijos no casados.

Familiares inmediatos

Son considerados **familiares inmediatos** los cónyuges e hijos no casados menores de 21 años de ciudadanos estadounidenses, así como los padres de ciudadanos estadounidenses mayores de 21 años.

Siempre hay **visas disponibles** para familiares inmediatos de ciudadanos estadounidenses. Esto significa que su familiar no tiene que esperar un turno para obtener una visa. Para reclamar a sus familiares inmediatos, necesitará patrocinar a su familiar y poder demostrar que tiene ingresos o bienes suficientes para mantener económicamente a sus familiares cuando lleguen a Estados Unidos.

Categorías de preferencia

Las categorías de preferencia son categorías de visa para **familiares** que **no califican como familiares inmediatos** de ciudadanos estadounidenses y residentes permanentes. La asignación de visas para estas categorías está limitada por cuotas anuales regla-mentadas por la ley de inmigración de Estados Unidos. La **disponibilidad de visas** dentro de estas categorías se basa en la Fecha de Prioridad, que es la fecha en que el USCIS acepta el Formulario I-130, Petición para Familiar Extranjero. Dentro de estas categorías, la disponibilidad de visas puede estar sujeta a retrocesos en la Fecha de Prioridad y a variaciones por país debido a las cuotas por país.

○ **Primera Preferencia (F1)**: Hijo o hija adulto –mayor de 21 años– no casado de ciudadano estadounidense.

○ **Segunda Preferencia (2A)**: Cónyuge de residente permanente e hijos no casados menores de 21 años de un residente permanente.

○ **Segunda Preferencia (2B)**: Hijo o hija adulto –mayor de 21 años– no casado de un residente permanente.

○ **Tercera Preferencia (F3)**: Hijo o hija casado de ciudadano estadounidense, sin importar la edad.

○ **Cuarta Preferencia (F4)**: Hermano o hermana de un ciudadano estadounidense adulto (el ciudadano estadounidense debe tener 21 años o más).

Cómo solicitar una *Green Card*

El proceso para solicitar una *Green Card* comienza con la presentación del Formulario **I-130**, "Petición para Familiar Extranjero". Este formulario es esencial ya que establece la relación de parentesco entre el peticionario (ciudadano estadounidense o residente permanente legal) y su familiar extranjero. Puede acceder y descargar el formulario desde la página web del USCIS en uscis.gov/es, donde también encontrará instrucciones en español.

En determinadas circunstancias, cuando el beneficiario se encuentra en Estados Unidos y tiene una visa disponible de inmediato, puede presentar el Formulario **I-130** junto con el Formulario **I-485**, "Solicitud de Registro de Residencia Permanente o Ajuste de Estatus". Sin embargo, este ajuste simultáneo de estatus no es aplicable a todos los beneficiarios. Por ejemplo, aquellos que procesan su visa de inmigrante en un consulado o embajada estadounidense en el extranjero no podrán presentar estos formularios conjuntamente.

Según las leyes de inmigración de Estados Unidos, se requiere que cada inmigrante basado en una petición familiar tenga un **patrocinador económico**. Si usted ha patrocinado la inmigración de un familiar a través de la Petición de Familiar Extranjero, deberá cumplir con el rol de patrocinador económico cuando llegue el momento de que su familiar emigre. Esto implica completar y presentar el Formulario **I-864**, "Declaración Jurada de Patrocinio Económico".

El patrocinador debe demostrar que tiene suficientes ingresos o activos para mantener al beneficiario y su propio hogar al menos al 125% del Nivel Federal de Pobreza. Si usted, como peticionario, no cumple con los requisitos de ingresos, un **co-patrocinador**, que también debe ser un ciudadano estadounidense o residente permanente legal, puede ayudar a cumplir el requisito de ingresos. El patrocinador asume la responsabilidad financiera por el beneficiario, lo que incluye el reembolso al gobierno si el inmigrante recibe ciertos tipos de asistencia pública.

❗ Importante

Hay que tener en cuenta que existen consecuencias legales para el patrocinador si el beneficiario recibe asistencia pública. Además, el proceso puede variar dependiendo de la situación específica del solicitante y del beneficiario, por lo que se recomienda buscar asesoramiento legal para guiar adecuadamente a través de este proceso complejo.

Cómo presentar la petición

Como ciudadano estadounidense o residente permanente legal, puede ayudar a sus familiares a inmigrar a Estados Unidos. Aquí se detallan las peticiones correspondientes.

Para familiares fuera de Estados Unidos

Debe presentar el Formulario **I-130**, "Petición para Familiar Extranjero", ante el Servicio de Ciudadanía e Inmigración de los Estados Unidos (USCIS). Este formulario se utiliza para probar la **relación familiar** que existe entre usted y su familiar.

Asegúrese de seguir las instrucciones específicas que vienen con el formulario. Estas instrucciones detallan la documentación necesaria y la dirección de envío, que puede variar según su ubicación y la del beneficiario. Visite el sitio web de USCIS en uscis.gov/es para obtener la versión más reciente del formulario, las últimas instrucciones y la información sobre tarifas de procesamiento.

Junto con el Formulario I-130, envíe **pruebas de su estatus** como ciudadano estadounidense o residente permanente y **documentos** que verifiquen su relación con el familiar por el que está presentando la petición, como certificados de nacimiento, matrimonio o, si corresponde, un decreto de adopción.

Para familiares dentro de Estados Unidos

Si su **familiar** ya se encuentra en Estados Unidos y entró al país legalmente, es posible que sea **elegible** para "ajustar su estatus" a residente permanente legal sin tener que regresar a su país de origen. Como vimos arriba, pueden presentar conjuntamente el Formulario I-130 y el Formulario I-485, "Solicitud de Registro de Residencia Permanente o Ajuste de Estatus".

Las instrucciones específicas para el envío conjunto se proporcionan con los formularios. Las direcciones de envío de las presentaciones simultáneas pueden diferir de las utilizadas para las peticiones individuales del Formulario I-130. Lea atentamente las instrucciones para garantizar que envíe los formularios y la documentación de respaldo a la dirección correcta.

Petición por separado para cada familiar

Se debe presentar una petición independiente para cada uno de sus familiares.

○ **Para cónyuges e hijos**. Si patrocina a su cónyuge y/o hijos, deberá presentar un Formulario I-130, Petición para Familiar Extranjero, por separado para cada uno de ellos. Si se casó con alguien que tiene hijos, usted puede patrocinar a esos hijos como hijastros, siempre y cuando usted se haya casado con su padre o madre antes de que los niños cumplieran 18 años.

○ **Para padres**. Debe ser ciudadano americano y tener al menos 21 años para patrocinar a sus padres. Presente una solicitud I-130 separada para cada uno.

○ **Para hermanos**. Debe ser ciudadano americano y tener al menos 21 años para peticionar a sus hermanos. Aunque las visas para los padres de ciudadanos estadounidenses están disponibles de inmediato, no ocurre lo mismo con los hermanos. Los hermanos son parte de la cuarta categoría de preferencia familiar y, por lo tanto, pueden enfrentar períodos de espera significativos antes de que una visa esté disponible para ellos. Presente una solicitud I-130 separada para cada hermano/a.

Los casos de hijastros

En el caso de haberse casado con alguien que tiene hijos, generalmente, los hijos del cónyuge pueden ser clasificados como sus hijastros e incluirse en su proceso migratorio. Adjunte documentación que **pruebe el matrimonio** con el padre o madre biológico de los niños, y el certificado de nacimiento de cada niño/a como evidencia de su edad en el momento del matrimonio para establecer la relación de hijastros.

Debe presentar un Formulario **I-130** separado tanto para su cónyuge como para cada hijastro que califique. Es importante recordar que para que el hijastro sea elegible, debe haber sido **soltero** y **menor de 18 años en el momento del matrimonio**. Si la persona que se desea peticionar era mayor de 18 años en el momento del matrimonio, entonces no sería considerado un hijastro bajo las definiciones de inmigración y, por lo tanto, no se aplicarían las mismas preferencias y procedimientos de inmigración que para los hijastros menores de 18 años en el momento del matrimonio entre el peticionario y la madre o el padre biológico.

Recuerde

Para todos los casos, asegúrese de que todas las solicitudes estén completas y firmadas, y que vayan acompañadas del pago correspondiente de las tarifas. La exactitud y la completitud son esenciales para evitar retrasos en el proceso. En caso de dudas o complicaciones, es aconsejable buscar asesoramiento legal para garantizar que el proceso se maneje correctamente.

Después de presentar la solicitud

Le será enviado un acuse de recibo confirmando que su petición fue recibida. Si esta está incompleta, podrían rechazarla o pedirle más evidencia o información, lo cual retrasaría el proceso. Para evitar demoras, **envíe todos los documentos requeridos la primera vez**. Cuando se tome una decisión, le será comunicada debidamente. Por lo general, cuando se aprueba su solicitud, esta es enviada al Centro Nacional de Visas (NVC, por sus siglas en inglés) del Departamento de Estado.

Una vez que el turno de su familiar le permita obtener un número de visa, el NVC se lo informará a usted y a su familiar, y lo invitará junto con sus dependientes elegibles a solicitar visas de inmigrantes.

Si presentó la petición para un familiar cuando era residente, pero ya es ciudadano estadounidense

○ Si usted se convierte en ciudadano estadounidense **mientras** su familiar está esperando por una visa, puede **actualizar la clasificación de visa de su familiar** para acelerar el proceso de solicitud informando sobre su naturalización a la agencia apropiada. Como ya vimos, cónyuge, hijos/as solteros/as menores de 21 años y padres de ciudadanos estadounidenses pueden recibir visas inmediatamente.

⊙ Si se convierte en ciudadano estadounidense **después** de que el Formulario I-130 haya sido aprobado y enviado al Centro Nacional de Visas (NVC) del Departamento de Estado, deberá informar al NVC que se ha convertido en ciudadano estadounidense. Los pedidos para actualizar solicitudes de naturalización del peticionario deben ser enviados a:

> National Visa Center
> 32 Rochester Avenue
> Portsmouth, NH 03801-2909

Incluya una **carta** con la información sobre su familiar, una copia de su Certificado de ciudadanía y una copia de la notificación de aprobación. Una vez que el NVC haya sido informado de que el peticionario se ha convertido en ciudadano, el NVC enviará inmediatamente la información para la visa de su familiar a la Embajada o Consulado estadounidense en el extranjero. Para confirmar que la aprobación de su solicitud fue enviada al NVC, puede consultar en línea o comunicarse con el sistema de mensajes automatizados al (603) 334-0700 ingresando su número de recibo de USCIS.

⊙ Si usted se convierte en ciudadano estadounidense y el Formulario I-130 por su familiar aún **no ha sido aprobado** por USCIS, necesitará informarle al Centro de Servicio donde presentó la solicitud de visa de su familiar que usted es ahora ciudadano estadounidense. Deberá enviar la notificación a la dirección del Centro de Servicio que está en el acuse de recibo que le dieron cuando presentó su petición con Formulario I-130. Incluya una **carta** con información sobre su familiar, una copia de su Certificado de naturalización y una copia del acuse de recibo de la petición. Llame al Servicio de atención al cliente al (800) 375-5283 para obtener ayuda o si no está seguro del estatus o ubicación de su petición.

○ Si su familiar es su cónyuge y él o ella tiene hijos naturales, hijastros o hijos adoptivos, y usted no presentó peticiones separadas para cada uno de ellos, debe presentar una petición por separado para cada uno con evidencia de su ciudadanía estadounidense. Incluya una copia del acuse de recibo de la petición original.

Capítulo 8
LAS VISAS DE PROMETIDOS

La posibilidad de edificar una vida en común en los Estados Unidos comienza con un compromiso, no solo entre dos personas, sino en algunos casos también con el proceso migratorio del país. La visa de prometidos (K-1) representa el primer paso hacia una vida compartida en suelo estadounidense, y ofrece una **vía directa** para que los ciudadanos americanos y sus prometidos extranjeros empiecen su camino hacia la residencia permanente y, eventualmente, la ciudadanía.

En las próximas páginas descubrirá el proceso de solicitud de la visa K-1, con una hoja de ruta detallada para navegar las regulaciones y requisitos necesarios. Cada aspecto, desde la presentación de la solicitud inicial hasta los ajustes de estatus post-matrimonio, será tratado con claridad para simplificar la transición de prometidos a residentes permanentes, allanando el camino hacia un futuro juntos en Estados Unidos.

La visa K-1 de prometidos y los pasos para obtener la *Green Card*

Una visa de prometido/a, también conocida como **visa K-1**, es un tipo de **visa de no inmigrante** disponible para ciudadanos extranjeros que están comprometidos para casarse con un ciudadano estadounidense y desean ingresar a los Estados Unidos para hacerlo.

RESIDENCIA AMERICANA

La visa K-1 permite al prometido/a extranjero/a viajar a los Estados Unidos con el fin de casarse dentro de los **90 días** posteriores a su llegada. Después del matrimonio, el prometido/a extranjero/a puede solicitar un ajuste de estatus para convertirse en residente permanente legal (recibir una *Green Card*) y eventualmente solicitar la ciudadanía estadounidense.

¿Cuáles son los requisitos de elegibilidad?

El peticionario debe ser **ciudadano estadounidense**. Los residentes permanentes legales (titulares de la *Green Card*) no son elegibles para solicitar una visa de prometido/a.

Ambas partes deben ser elegibles para casarse según las leyes de los Estados Unidos y de cualquier país extranjero involucrado. En concreto, deben estar **legalmente libres** para casarse. Esto significa que no deben estar casados al momento de presentar la petición o, si estuvieron casados anteriormente, sus matrimonios anteriores deben haber terminado legalmente mediante divorcio, anulación o muerte.

El peticionario ciudadano estadounidense debe tener la intención de casarse con el prometido/a extranjero dentro de los 90 días posteriores a su llegada a los Estados Unidos.

Tanto el peticionario ciudadano estadounidense como el prometido/a extranjero/a deben tener la intención de establecer una vida juntos en los Estados Unidos, y gozar de una relación genuina, es decir que su intención de casarse y establecer una vida juntos en los Estados Unidos no pretenda simular un matrimonio con el propósito de evadir las leyes de inmigración.

El USCIS puede solicitar **evidencia** para demostrar la buena fe de la relación, como fotografías juntos, correspondencia, prueba de reuniones en persona, documentos financieros conjuntos y declaraciones juradas de amigos y familiares que acrediten la autenticidad de la relación.

La pareja debe haberse conocido **en persona** al menos una vez dentro del período de dos años inmediatamente anterior a la presentación de la petición de visa de prometido/a. Existen excepciones limitadas a este requisito, como casos de dificultades extremas o costumbres culturales que impiden una reunión en persona. En tales casos, la pareja deberá aportar pruebas que respalden la solicitud de exención.

Tanto el peticionario ciudadano estadounidense como el prometido/a extranjero/a deben tener al menos **18 años** al momento de presentar la petición. No existen límites de edad máxima para ninguna de las partes.

¿Cuáles son los pasos para obtener la *Green Card*?

✱ **Paso 1.** Presentación de la petición (formulario I-129F).

El peticionario ciudadano estadounidense reúne toda la **documentación y evidencia** requerida para respaldar la petición de visa de prometido/a. Esto incluye completar el Formulario **I-129F**, Petición de prometido/a extranjero, que sirve como solicitud oficial para la visa.

El peticionario debe **completar** con precisión todas las secciones del Formulario I-129F, proporcionando información personal sobre sí mismo y su prometido/a, detalles de su relación y otros detalles relevantes.

Junto con el Formulario I-129F, el peticionario debe incluir **documentación de respaldo** para evidenciar la ciudadanía estadounidense del solicitante y para establecer la legitimidad de la relación. Esto puede incluir fotografías de la pareja junta, copias de itinerarios de viaje que muestren sus visitas mutuas, correspondencia como correos electrónicos o cartas y cualquier otra evidencia que demuestre la buena fe de la relación y la intención de casarse.

Si el peticionario o el beneficiario han estado **casados anteriormente**, deben proporcionar documentación que demuestre la terminación de cualquier matrimonio anterior, como sentencias de divorcio o certificados de defunción. Del mismo modo, debe aportarse evidencia de haberse conocido en persona en los últimos dos años, a menos que se aplique una exención.

Una vez que se preparan la petición y los documentos de respaldo, el peticionario los envía al Servicio de Ciudadanía e Inmigración de los Estados Unidos (USCIS) de acuerdo con las instrucciones proporcionadas en el sitio web de USCIS.

La petición generalmente **se envía por correo** a la instalación *Lockbox* de USCIS designada para la presentación del Formulario I-129F. El peticionario debe abonar la tarifa de presentación correspondiente con la petición.

* Paso 2. Procesamiento del USCIS.

Al recibir la petición del Formulario I-129F, el USCIS realiza una revisión inicial para garantizar que esté correctamente completada y presentada con toda la documentación y tarifas requeridas.

El USCIS asignará un **número de recibo** a la petición y enviará un **aviso de recibo** al peticionario, reconociendo que la petición ha sido recibida y está siendo procesada. Este aviso generalmente incluye el número de recibo, que puede usarse para rastrear el estado de la petición en línea.

El USCIS lleva a cabo un **examen exhaustivo** de la petición para determinar si el peticionario y el beneficiario cumplen con todos los requisitos de elegibilidad para la visa de prometido/a. El funcionario de adjudicación revisará la evidencia proporcionada con la petición para evaluar la **buena fe de la relación** entre el peticionario y el beneficiario. Esto puede incluir examinar fotografías, correspondencia, pruebas de reuniones en persona y otra documentación de respaldo.

Si el USCIS determina que se necesita **evidencia o información adicional** para adjudicar la petición, puede emitir una Solicitud de evidencia (RFE, por sus siglas en inglés, *Request for Evidence*) al peticionario. El RFE describe la documentación específica o aclaración necesaria para proceder con la tramitación de la petición.

El peticionario deberá **responder** a la Solicitud de evidencia dentro del plazo señalado, aportando la información o prueba solicitada. No responder a una RFE puede ocasionar el rechazo de la petición.

Una vez que el USCIS está satisfecho de que se han cumplido todos los requisitos de elegibilidad y se ha proporcionado la documentación necesaria, **aprueba** la petición. El USCIS emite un aviso de aprobación al peticionario, confirmando que la petición ha sido aprobada. El **aviso** de aprobación incluye información sobre los próximos pasos en el proceso de visa de prometido/a, incluido el envío de la petición aprobada al Centro Nacional de Visas (NVC) para su posterior procesamiento.

Si el USCIS determina que la petición **no cumple** con todos los requisitos de elegibilidad o si hay problemas con la evidencia proporcionada, pueden **rechazar** la petición. En tales casos, el USCIS proporciona una explicación por escrito de la denegación y describe las opciones para apelar o volver a presentar la solicitud.

✱ Paso 3. Procesamiento Consular.

Después de que el USCIS aprueba la petición del Formulario I-129F, se envía al Centro Nacional de Visas (NVC) para su posterior procesamiento. El NVC asigna un **número de caso** y envía la petición aprobada a la embajada o consulado de los Estados Unidos en el país donde reside el prometido/a extranjero.

La **embajada o el consulado** de los Estados Unidos se comunica con el prometido/a extranjero para programar una **cita** para la entrevista. La entrevista generalmente se lleva a cabo en la embajada o consulado en el país de origen del prometido/a extranjero.

Antes de la entrevista, el prometido/a extranjero debe completar los formularios de solicitud de visa necesarios y reunir la **documentación requerida**, incluido un examen médico, certificados de autorización policial y evidencia de apoyo financiero.

El funcionario consular lleva a cabo la **entrevista** para la visa, durante la cual evalúa la elegibilidad del prometido/a extranjero para la visa K-1. El oficial puede hacer preguntas sobre la relación, los planes de matrimonio de la pareja y otros asuntos relevantes.

Si el funcionario consular está satisfecho de que la **relación es genuina** y el prometido/a extranjero cumple con todos los requisitos de **elegibilidad**, **aprueba** la solicitud de visa. La visa aprobada generalmente se emite con un período de validez de seis meses, durante los cuales el prometido/a extranjero debe viajar a los Estados Unidos y casarse con el peticionario ciudadano estadounidense.

* Paso 4. Entrada a los Estados Unidos.

Antes de viajar a los Estados Unidos, el prometido/a extranjero debe hacer los arreglos de viaje adecuados, incluida la reserva de vuelos y la obtención de alojamiento para su estadía. El prometido/a extranjero debe llevar consigo los documentos de viaje esenciales, incluido su pasaporte válido, el paquete de visa (recibido de la embajada o el consulado de los Estados Unidos) y cualquier otra documentación requerida.

Al llegar a los Estados Unidos, el prometido/a extranjero pasará por el **puerto de entrada**, que suele ser un aeropuerto internacional o un cruce fronterizo terrestre. En el puerto de entrada, el prometido/a extranjero presenta su pasaporte, visa y paquete de visa al oficial de Aduanas y Protección Fronteriza (CBP) de los Estados Unidos para su inspección.

El oficial de CBP realiza una breve **entrevista** con el prometido/a extranjero para verificar su identidad, propósito del viaje y elegibilidad para la admisión a los Estados Unidos con la visa de prometido/a. El oficial de CBP puede hacer preguntas sobre la relación del prometido/a extranjero con el peticionario ciudadano estadounidense, sus planes de matrimonio y otros asuntos relevantes.

Si el oficial de CBP determina que el prometido/a extranjero **cumple** con todos los requisitos de elegibilidad y no plantea problemas de seguridad o admisibilidad, le conceden la **admisión** a los Estados Unidos con la visa de prometido/a. El oficial de CBP puede sellar el pasaporte del prometido/a extranjero con la fecha de entrada y la duración de la estadía autorizada en los Estados Unidos.

El prometido/a extranjero es admitido en los Estados Unidos por un período de hasta **90 días**, durante el cual debe **casarse** con el peticionario ciudadano estadounidense y solicitar el ajuste de estatus a residente permanente legal o *Green Card*.

Es esencial que el prometido/a extranjero mantenga un **estatus legal** durante su estadía en los Estados Unidos con la visa de prometido/a. Esto incluye **cumplir con los términos y condiciones** de la visa, abstenerse de realizar empleos no autorizados y adherirse a las leyes y regulaciones de inmigración de los Estados Unidos. No mantener un estatus legal podría tener consecuencias migratorias adversas, incluida la deportación o expulsión de los Estados Unidos.

✱ **Paso 5.** Ajuste de Estatus (Formulario I-485).

Una vez **casado** con un ciudadano estadounidense, el prometido/a extranjero puede comenzar el proceso para **ajustar su estatus** de no inmigrante a residente permanente legal, comúnmente conocido como poseedor de la *Green Card*. Este cambio de estatus se realiza en Estados Unidos y se formaliza mediante el Formulario **I-485**, Solicitud para Registrar Residencia Permanente o Ajuste de Estatus.

Entre otra documentación, como pasaporte, certificado de nacimiento y fotos que evidencien la relación, se debe presentar un **certificado de matrimonio válido** como prueba de que el matrimonio se ha celebrado dentro de los 90 días de la entrada del prometido/a en el país con una visa K-1. También se requiere un **examen médico** realizado por un médico autorizado por USCIS. Si el examen médico no se hizo como parte del proceso de visa K-1, debe hacerse antes de la presentación del ajuste de estatus.

Asimismo, el ciudadano estadounidense deberá presentar una Declaración Jurada de Patrocinio Económico (Formulario **I-864**) para demostrar que el **ingreso del hogar** es suficiente para apoyar al prometido/a y evitar que se convierta en una carga pública.

La **solicitud** para ajustar estatus debe ser presentada después del matrimonio, y es recomendable hacerlo lo antes posible **dentro de los 90 días** de validez de la visa K-1. Después de presentar la solicitud, el prometido/a será citado para una **cita biométrica** donde se toman huellas dactilares, fotos y firma para verificaciones de antecedentes y de seguridad.

Aunque no siempre es requerido, el USCIS puede solicitar una **entrevista** para confirmar la validez del matrimonio y revisar la elegibilidad del prometido/a para la residencia permanente. La entrevista se lleva a cabo en una oficina local del USCIS y está diseñada para evaluar la buena fe del matrimonio y la elegibilidad del prometido/a extranjero para el estatus de residente permanente legal. Durante la entrevista, los funcionarios de USCIS pueden hacer preguntas sobre la relación de la pareja, las condiciones de vivienda, los planes futuros y otros asuntos que considere oportunos.

Durante el proceso de ajuste de estatus, el prometido/a puede solicitar un Documento de Autorización de Empleo (EAD) para **trabajar legalmente** en Estados Unidos. También puede solicitar un Documento de Viaje Avanzado (*Advance Parole*) si **planea viajar** fuera de Estados Unidos mientras su solicitud está pendiente.

Si el USCIS determina que el prometido/a extranjero cumple con todos los requisitos de elegibilidad y el **matrimonio es genuino, aprueba** la solicitud de ajuste de estatus. El USCIS emite un Formulario **I-797**, Aviso de Acción, confirmando la aprobación de la solicitud de ajuste de estatus. El prometido/a extranjero se convierte en residente permanente legal y recibe una *Green Card*, que le otorga **permiso para vivir y trabajar** en los Estados Unidos.

✱ Paso 6. Residencia condicional.

La residencia condicional es un **estatus migratorio temporal** otorgado a ciertos cónyuges de ciudadanos estadounidenses o residentes permanentes legales (titulares de la *Green Card*) que han estado casados por menos dos años al momento de obtener el estatus de residente permanente legal. Los residentes permanentes condicionales reciben una *Green Card* **válida por dos años**. Este estatus está diseñado para garantizar que los matrimonios celebrados con el fin de obtener beneficios de inmigración sean genuinos y de buena fe.

El **propósito** principal de la residencia condicional es **brindar una oportunidad** para que los Servicios de Ciudadanía e Inmigración de los Estados Unidos (USCIS) evalúen la legitimidad del matrimonio y eviten matrimonios fraudulentos celebrados únicamente con fines de inmigración. Al otorgar residencia condicional, el USCIS tiene como objetivo salvaguardar la integridad del sistema de inmigración y proteger los intereses tanto del gobierno como de las personas involucradas en el matrimonio.

Durante el período de dos años de residencia condicional, se espera que la pareja continúe su relación matrimonial y cumpla con sus obligaciones como cónyuges.

Para eliminar las condiciones de residencia y **obtener el estatus de residente permanente incondicional**, el residente permanente condicional y su cónyuge deben presentar conjuntamente el Formulario **I-751**, Petición para eliminar condiciones de residencia, ante el USCIS. La petición del Formulario I-751 debe presentarse dentro del período de 90 días anterior al vencimiento de la tarjeta verde condicional. Presentar la solicitud demasiado pronto o demasiado tarde puede resultar en que se rechace la petición.

Junto con la petición del Formulario I-751, la pareja debe presentar pruebas para demostrar que su matrimonio es genuino y continuo, que han estado viviendo juntos y compartiendo una vida en común. Esta evidencia puede incluir **documentos** tales como registros financieros conjuntos, documentos de propiedad, fotografías, declaraciones juradas de familiares y amigos, y cualquier otra documentación relevante. El USCIS puede programar una **entrevista** con la pareja para evaluar más a fondo la validez del matrimonio y la buena fe de la relación.

Si la pareja **se divorcia** o **se separa** durante el período de residencia condicional, el cónyuge extranjero aún puede ser elegible para presentar el Formulario I-751 con una exención del requisito de presentación conjunta, siempre que pueda demostrar que el matrimonio se celebró de buena fe, pero se terminó debido a circunstancias fuera de su control.

Si el USCIS está convencido de que el matrimonio es genuino y la pareja cumple con todos los requisitos de elegibilidad, aprueba la petición del Formulario I-751. El USCIS emitirá un Formulario **I-797**, Aviso de Acción, confirmando la aprobación de la petición y otorgando el estatus de residente permanente incondicional al residente permanente condicional.

El residente permanente condicional recibirá una nueva *Green Card* que es **válida por 10 años**, lo que le proporciona el estatus de residencia permanente sin condiciones ni restricciones.

✱ Paso 7. Obtener la ciudadanía estadounidense.

Después de mantener la residencia permanente durante un cierto período (generalmente tres años si está casado con un ciudadano estadounidense), el cónyuge extranjero puede ser elegible para solicitar la ciudadanía estadounidense a través del proceso de naturalización.

Capítulo 9
PETICIONES DE *GREEN CARD* POR MATRIMONIO

Otra de las maneras de ser elegible para la *Green Card* es a través del matrimonio. Si uno de los cónyuges es ciudadano estadounidense o residente permanente, puede patrocinar al otro para que obtenga una *Green Card*. El procedimiento requiere la demostración de un matrimonio auténtico, paciencia para transitar a través de varios pasos legales y un fuerte compromiso conjunto hacia el cumplimiento de todos los requisitos establecidos por el Servicio de Ciudadanía e Inmigración de los Estados Unidos (USCIS).

En las próximas páginas se detalla el proceso de solicitud, los documentos necesarios y consejos prácticos para navegar con éxito el camino hacia el logro de una vida conjunta en Estados Unidos con estatus legal permanente.

Quién puede solicitar la petición de residencia permanente para su cónyuge

Para poder peticionar a su cónyuge (esposo o esposa) a vivir en los Estados Unidos como residente permanente usted debe ser ciudadano de los Estados Unidos o residente permanente.

Si usted es **ciudadano estadounidense**, para que su cónyuge inmigre a los Estados Unidos y se convierta en residente permanente (titular de la *Green Card*), tiene dos opciones que se relacionan con el lugar en donde se encuentra su cónyuge:

- **Si su cónyuge está dentro de los Estados Unidos**. Puede presentar simultáneamente el Formulario **I-130**, "Petición para Familiar Extranjero", y el Formulario **I-485**, "Solicitud de Registro de Residencia Permanente o Ajuste de Estatus". Estos formularios permiten que su cónyuge ajuste su estatus a residente permanente sin tener que abandonar los Estados Unidos, siempre y cuando haya ingresado al país legalmente.

- **Si su cónyuge está fuera de los Estados Unidos**. Presente el Formulario **I-130**. Una vez aprobado, el caso se trasladará al Centro Nacional de Visas (NVC) para continuar con la tramitación consular. Su cónyuge tendrá que asistir a una entrevista en el consulado o embajada de Estados Unidos en su país de origen y completar los pasos adicionales necesarios para la emisión de la visa de inmigrante.

Siendo **residente permanente legal**, también puede patrocinar a su cónyuge, pero el proceso varía ligeramente:

- **Si su cónyuge está dentro de los Estados Unidos**. Inicie el proceso presentando el Formulario **I-130**. Una vez que haya un número de visa disponible, su cónyuge puede solicitar ajustar su estatus a residente permanente legal utilizando el Formulario **I-485**. Es importante monitorear el Boletín de Visas del Departamento de Estado para saber cuándo su cónyuge puede proceder con el ajuste de estatus basado en la fecha de prioridad.

- **Si su cónyuge está fuera de los Estados Unidos**. Al igual que los ciudadanos, debe presentar el Formulario **I-130**. Después de su aprobación y cuando una visa esté disponible según el Boletín de Visas, el caso se moverá al NVC para la tramitación consular. Su cónyuge deberá seguir los pasos provistos por el consulado o embajada de Estados Unidos, que incluirán la presentación de documentos adicionales y asistencia a una entrevista de visa.

RESIDENCIA AMERICANA

 Recuerde

Una **petición aprobada** con el Formulario I-130 **no garantiza** que se otorgue una visa de inmigrante; es simplemente el primer paso que establece la relación familiar. Cada tipo de peticionario (ciudadano o residente permanente) tiene procedimientos y tiempos de espera específicos. Los ciudadanos tienen ciertos privilegios que permiten un procesamiento más rápido y menos restricciones en comparación con los residentes permanentes.

Los criterios de elegibilidad

Para calificar para la *Green Card* mediante el matrimonio con un ciudadano estadounidense o residente permanente legal (**LPR**), existen requisitos específicos que deben cumplirse. Aquí puede conocerlos en detalle.

Validez legal del matrimonio

El matrimonio debe ser **legalmente válido** donde se celebró y **reconocido** como tal por la ley de inmigración de los Estados Unidos. Esto implica que el matrimonio debe cumplir con todas las regulaciones de la jurisdicción donde ocurrió.

Relación matrimonial genuina

Ambos cónyuges deben comprometerse a establecer una vida matrimonial genuina y duradera, caracterizada por la **mutua afectividad y el establecimiento de una vida en común**. La relación debe estar **libre de intenciones fraudulentas**, es decir, no debe ser un matrimonio celebrado exclusivamente para obtener beneficios migratorios. El USCIS evaluará la autenticidad de la relación y exigirá evidencia, que puede incluir fotografías conjuntas, comunicaciones, registros financieros compartidos, y testimonios de terceros.

Intención de residir en Estados Unidos

El propósito del matrimonio debe incluir **planes para residir juntos en los Estados Unidos**. Si no tienen la intención inmediata de vivir en Estados Unidos, se recomienda esperar para iniciar el proceso hasta que esa intención cambie.

Capacidad financiera

El peticionario debe ser capaz de **apoyar al cónyuge extranjero económicamente**. Esto se demuestra a través del Formulario **I-864**, Declaración Jurada de Patrocinio Económico, y puede requerir la presentación de pruebas como declaraciones de impuestos y extractos bancarios.

Historial matrimonial

Se debe revelar el historial matrimonial de ambos cónyuges, incluidos los divorcios, anulaciones y viudedad previos. Documentos como **sentencias** de divorcio o **certificados** de defunción son necesarios para demostrar que no existen matrimonios previos vigentes.

Capacidad legal para casarse

Deben tener la **edad** legal para casarse y no estar impedidos por **barreras legales**, como parentesco cercano o matrimonios anteriores no disueltos.

Cuestiones de inadmisibilidad

El cónyuge extranjero no debe tener impedimentos de **inadmisibilidad** que le hagan inelegible para la *Green Card*. Esto incluye problemas de salud, antecedentes penales, violaciones previas de la ley de inmigración o riesgos de seguridad nacional. En casos donde existen factores de inadmisibilidad, puede ser posible solicitar una **exención** a través del Formulario **I-601**, "Solicitud de Exención de Causas de Inadmisibilidad". Consulte con un abogado con experiencia en casos de exenciones por inadmisibilidad, dado lo complicado que puede ser este trámite legal.

Presentación de la petición y la documentación requerida

El proceso para obtener una *Green Card* a través del matrimonio inicia cuando el cónyuge ciudadano estadounidense o residente permanente legal presenta una petición en nombre de su cónyuge extranjero. El ciudadano estadounidense o cónyuge residente permanente legal, denominado **peticionario**, debe presentar el Formulario I-130, "Petición de Familiar Extranjero", al Servicio de Ciudadanía e Inmigración de Estados Unidos (USCIS, por sus siglas en inglés).

El peticionario debe completar el formulario con precisión, proporcionando información detallada sobre él mismo, el cónyuge extranjero (el beneficiario) y su matrimonio. Para completar el proceso exitosamente, el solicitante debe presentar:

❶ Formulario I-130 completo y firmado con la tarifa correspondiente.

❷ Certificado de matrimonio civil válido que pruebe la unión legal.

❸ Documentación que finaliza matrimonios anteriores (sentencias de divorcio, certificados de defunción, anulaciones).

❹ Fotos tipo pasaporte recientes de ambos cónyuges.

❺ Evidencia de todos los cambios legales de nombre (certificados de matrimonio, órdenes judiciales, etc.).

Si usted es **ciudadano** de los Estados Unidos, debe comprobar su estatus con:

1. Copia de su pasaporte válido de los Estados Unidos o

2. Copia de su certificado de nacimiento de los Estados Unidos o

3. Copia del Informe consular sobre nacimiento en el extranjero o

4. Copia de certificado de naturalización o ciudadanía.

Si usted es **residente permanente**, debe comprobar su estatus con:

1. Copia (frente y dorso) del Formulario I-551 (Tarjeta de residente permanente) o

2. Copia de su pasaporte extranjero portando un sello que muestra evidencia temporal de su residencia permanente.

Acompañe la petición con toda la **documentación de respaldo**, como una copia del certificado de matrimonio, prueba de ciudadanía o estatus de residente legal permanente del peticionario y cualquier evidencia relevante de la relación matrimonial. El USCIS requiere evidencia para demostrar la autenticidad de la relación matrimonial entre el peticionario y el cónyuge extranjero. Documentación de evidencia puede ser, entre otros documentos:

○ Acta de matrimonio que acredite la unión legal de la pareja.

○ Fotos de la pareja junta en diversos eventos y ocasiones de la vida compartida.

○ Registros financieros conjuntos, como extractos de cuentas bancarias, facturas de servicios públicos o documentos de propiedad.

○ Declaraciones juradas de amigos, familiares u otras personas que puedan dar fe de la naturaleza genuina del matrimonio.

Recuerde

El objetivo es proporcionar una imagen integral de la vida compartida de la pareja, del compromiso mutuo con su relación y de que no se trata de un matrimonio fraudulento.

Una vez reunida la petición del Formulario I-130 y los documentos de respaldo, el peticionario los **envía a USCIS** para su procesamiento. El USCIS revisará la petición para garantizar que esté completa, sea precisa y cumpla con los criterios de elegibilidad para una *Green Card* conyugal. Si se requiere información o documentación adicional, el USCIS puede emitir una Solicitud de Evidencia (*RFE*, por sus siglas en inglés) al peticionario, solicitando aclaración o evidencia adicional para respaldar la petición.

Al recibir la petición, el USCIS emite un **aviso** de acuse de recibo confirmando la recepción de la petición del Formulario I-130. El aviso incluye un número de recibo único, que el peticionario puede usar para rastrear el estado de su caso en línea a través del sitio web del USCIS.

El **tiempo de procesamiento** de las peticiones del Formulario I-130 varía según factores como la carga de trabajo del USCIS, el volumen de solicitudes y la ubicación del peticionario. El USCIS actualiza los tiempos de procesamiento periódicamente en su sitio web, lo que permite a los peticionarios estimar el cronograma esperado para la adjudicación de su petición.

Después de revisar la petición y la documentación de respaldo, el USCIS emitirá una **decisión** para aprobar o rechazar la petición del Formulario I-130. Si se **aprueba**, el USCIS notificará debidamente al peticionario y enviará la petición aprobada al Centro Nacional de Visas (NVC) o a la oficina del USCIS correspondiente para su posterior procesamiento. Si se **deniega**, el USCIS proporcionará los motivos de la denegación y las opciones de apelación o reconsideración, si corresponde.

La cita biométrica y la entrevista

La cita biométrica y la entrevista son etapas cruciales en el proceso de solicitud de la *Green Card* a través del matrimonio, y la **preparación** es clave para el éxito. Es esencial que las parejas asistan puntualmente a sus citas, brinden información precisa y presenten cualquier documentación solicitada. Además, buscar la orientación de un abogado de inmigración con experiencia puede ayudar a aliviar las preocupaciones y garantizar un proceso de solicitud fluido y exitoso.

La cita biométrica

Durante la cita, el cónyuge extranjero proporciona información biométrica, incluidas huellas dactilares, fotografías y firmas. Los datos biométricos se usan para verificar los **antecedentes** y la **identidad** del solicitante. La cita biométrica es un paso crucial en el proceso de adjudicación y ayuda a las autoridades a determinar la elegibilidad del cónyuge extranjero para la residencia permanente legal.

La entrevista

Después de la cita biométrica, se programa una entrevista en persona con el cónyuge extranjero y, en algunos casos, con el ciudadano estadounidense o el cónyuge residente permanente. Esta etapa del proceso puede ser estresante, pero recuerde que el propósito de la entrevista es evaluar la **autenticidad de la relación matrimonial** entre los cónyuges y garantizar el cumplimiento de las leyes y regulaciones pertinentes de inmigración. Durante la entrevista, se examinarán varios aspectos de la vida en común, que incluyen:

○ **Historial de la relación**. Cómo se conoció la pareja, la evolución de su relación y los eventos significativos.

○ **Vida en común**. Arreglos de vivienda, planes financieros y manejo de los aspectos prácticos de su vida matrimonial.

○ **Planes a futuro**. Proyectos compartidos y expectativas de vida como matrimonio en Estados Unidos.

Tenga en cuenta que deberán proporcionar respuestas veraces, honestas y consistentes a las preguntas del oficial y presentar cualquier evidencia adicional que les sea solicitada, como fotografías juntos, comunicaciones y registros financieros conjuntos. La entrevista también brinda una oportunidad para que el cónyuge extranjero aclare cualquier discrepancia o aborde las inquietudes planteadas por las autoridades con respecto a su solicitud.

 Recuerde

Se recomienda prepararse con mucho detalle para esta entrevista. Revise su historia de relación y la documentación que respalda su solicitud. Lleve una copia completa de su expediente de solicitud, incluyendo todas las comunicaciones con USCIS y esté preparado para aclarar cualquier malentendido o responder a preocupaciones adicionales.

Si no quedan dudas sobre la legitimidad del matrimonio y se considera que se cumplen otros criterios de elegibilidad, la solicitud de *Green Card* puede aprobarse durante o poco después de la entrevista. Sin embargo, si hay dudas o se requiere más información, puede tomarse una decisión en una fecha posterior o solicitar documentación adicional.

Residencia condicional
y revocación de condiciones

Cuando un cónyuge extranjero recibe la *Green Card* a través del matrimonio con un ciudadano estadounidense o residente permanente legal, el tipo de residencia permanente que se otorga puede depender de cuánto tiempo ha estado casada la pareja en el momento de la aprobación.

Para matrimonios menores de 2 años

Si su matrimonio tenía **menos de dos años** al momento de obtener la residencia permanente, su **cónyuge** recibirá una **residencia permanente condicional** válida por dos años. La residencia condicional se concede por este período de dos años, durante el cual la pareja debe demostrar que su matrimonio es auténtico y de buena fe.

Prevención del fraude matrimonial

El período de residencia condicional existe para prevenir fraudes matrimoniales y asegurar que la unión es genuina. Durante este tiempo, USCIS supervisa la relación para confirmar que la pareja vive unida y comparte responsabilidades financieras.

Proceso de eliminación de condiciones

Para solicitar la eliminación de condiciones para su residencia, usted y su cónyuge deben solicitarlo conjuntamente usando el Formulario **I-751**, "Petición para Eliminar las Condiciones en la Residencia". El Formulario **I-90**, "Solicitud para reemplazar la *Green Card*" no se usa para este propósito.

La solicitud debe presentarse dentro del período de 90 días antes de la fecha de expiración de la tarjeta de residente condicional. Si no se realiza el trámite durante este plazo, el estatus de residente de su cónyuge se terminará y él o ella puede ser expulsado/a de los Estados Unidos. En la página web del USCIS, use el Calculador para Presentación del Formulario I-751 para determinar la fecha de presentación en el plazo de 90 días. Deberán asimismo adjuntar evidencia que respalde la continuidad de su matrimonio, por ejemplo:

- Registros financieros compartidos.
- Contratos de vivienda conjuntos.
- Certificados de nacimiento de hijos.
- Declaraciones de familiares y amigos.
- Fotografías de eventos familiares.

USCIS puede requerir una entrevista para validar la autenticidad del matrimonio.

Aprobación del Formulario I-751

Con la aprobación del Formulario I-751, se retira la condición de la residencia y el cónyuge extranjero se convierte en **residente permanente incondicional** y comienza a gozar de todos los derechos y beneficios de un residente permanente legal, y con una vigencia de diez años.

Para matrimonios mayores de 2 años

Si el matrimonio tiene **más de dos años** al momento de la aprobación, el cónyuge extranjero recibirá el estatus de **residente permanente incondicional**. La residencia incondicional se concede por un período de diez años, después del cual se debe renovar la *Green Card* mediante el Formulario I-90.

! Importante

A diferencia de la residencia condicional, no es necesario presentar el Formulario I-751 si el cónyuge ha recibido directamente la residencia incondicional, ya que la autenticidad del matrimonio se consideró establecida en el momento de la aprobación inicial.

Ajuste de Estatus o Procesamiento Consular

Para cónyuges extranjeros casados con ciudadanos estadounidenses o residentes permanentes legales (LPRs), hay **dos pro-**

cedimientos diferentes para obtener la **residencia permanente legal** en los Estados Unidos, y dependen del lugar en que se encuentra el cónyuge extranjero: Ajuste de Estatus y Procesamiento Consular.

Ajuste de Estatus

Esta opción está disponible para cónyuges extranjeros que **se encuentran ya en los Estados Unidos** bajo un estatus migratorio legal. El cónyuge extranjero debe presentar el Formulario I-130 y puede hacerlo en conjunto con el Formulario **I-485**, "Solicitud para Registrar Residencia Permanente o Ajustar Estatus", ante USCIS. Esto facilita el proceso al verificar la relación y solicitar el cambio de estatus simultáneamente.

El solicitante debe haber entrado a Estados Unidos legalmente y cumplir con todos los criterios de admisibilidad. No puede haber violado los términos de su estatus ni haber trabajado ilegalmente en los Estados Unidos.

Procesamiento Consular

Esta vía es para aquellos cónyuges que están **fuera de los Estados Unidos o no califican** para el ajuste de estatus. El ciudadano estadounidense o el LPR debe presentar el Formulario I-130 ante USCIS. Después de su aprobación, USCIS envía la petición al NVC para la tramitación consular.

El **cónyuge extranjero** asistirá a una entrevista en la embajada o consulado de Estados Unidos en su país de origen, donde deberá demostrar su **elegibilidad** para la visa de inmigrante, lo que incluye la autenticidad de la relación matrimonial y cumplir con todos los requisitos de admisibilidad. Si se aprueba, el cónyuge extranjero recibe una visa de inmigrante en su pasaporte, lo que le permite viajar a los Estados Unidos e ingresar como residente permanente legal.

Ingreso a Estados Unidos y residencia permanente legal

Tras la aprobación de la visa de inmigrante y el ingreso a Estados Unidos, el cónyuge extranjero recibirá una *Green Card* por correo a su dirección en Estados Unidos. Este documento oficial servirá como prueba de su estatus legal en el país y le permitirá vivir y trabajar de manera indefinida.

Cómo puede ingresar el cónyuge extranjero a Estados Unidos mientras la petición de visa está pendiente

La **reunificación familiar** es un pilar fundamental de la ley de inmigración de Estados Unidos y por ello se proporcionan varias vías para minimizar la separación de las familias durante el proceso migratorio.

Si usted es **ciudadano estadounidense** y ha presentado un Formulario I-130, "Petición para Familiar Extranjero", para su cónyuge que se encuentra en el extranjero, existe la opción de presentar un Formulario **I-129F**, "Petición para Prometido/a Extranjero/a". El propósito del Formulario I-129F es solicitar una visa **K-3** para su cónyuge, lo que le permitiría ingresar a Estados Unidos mientras el Formulario I-130 está pendiente.

En el pasado, usted y los miembros de su familia podrían haber estado separados durante algún tiempo mientras esperaban una decisión sobre su Formulario I-130. El Congreso buscó resolver este problema mediante la creación de visas de no inmigrante K-3 y K-4 para acortar el tiempo que las familias tendrían que pasar separadas.

Visas K-3 y K-4 para cónyuges e hijos de ciudadanos estadounidenses

Estas visas fueron diseñadas para **acortar el tiempo de separación física** entre ciudadanos estadounidenses y sus cónyuges e hijos mientras esperan la adjudicación de las peticiones de inmigración. Sin embargo, la relevancia de las visas K-3 y K-4 ha disminuido, ya que USCIS ha agilizado el proceso de adjudicación del Formulario I-130.

❗ Importante

Considere cuidadosamente los tiempos de procesamiento actuales de USCIS antes de presentar el Formulario I-129F, ya que podría ser innecesario si el Formulario I-130 está cerca de ser adjudicado. Manténgase informado sobre los tiempos de procesamiento y actualizaciones de políticas de inmigración que puedan afectar su caso.

Visa V para familiares de residentes permanentes

Si usted es un residente permanente que presentó un Formulario I-130 para su cónyuge y/o hijos (solteros y menores de 21 años que aparecen en la petición) antes del 21 de diciembre de 2000, y **han pasado más de tres años** desde la presentación sin una decisión, sus familiares podrían ser elegibles para la Visa V. La visa V es una visa de No Inmigrante creada para permitir que las familias permanezcan juntas mientras esperan por la tramitación de las visas de inmigrantes.

Si la petición de *Green Card* por matrimonio fue denegada

En el caso de que se deniegue su petición, debe seguir las instrucciones proporcionadas en la carta de denegación para **apelar** la decisión. La apelación, junto con el formulario correspondiente y las tarifas, se remitirá a la Junta de Apelaciones de Inmigración (BIA).

❗ Importante

Dada la complejidad del proceso de apelación, se aconseja encarecidamente la **asistencia de un abogado especializado en inmigración** para que le ayude a entender sus opciones y a navegar por el proceso de apelación.

Qué procedimiento seguir con los hijos

A las personas que emigran a través del matrimonio a menudo se les permite traer a sus hijos con ellos, incluso si los hijos son de un matrimonio o relación anterior. Para propósitos de inmigración, los hijos deben estar **solteros** y ser **menores de 21 años** para poder inmigrar al mismo tiempo que el cónyuge extranjero.

Para ciudadanos estadounidenses

Cuando un ciudadano estadounidense se casa con un cónyuge extranjero, los hijos del cónyuge pueden ser **incluidos en el proceso de inmigración**:

- **Requisitos para hijos biológicos**. Los hijos biológicos deben cumplir con la definición de "hijo" según la Ley de Inmigración y Nacionalidad (INA). Para los hijos nacidos fuera del matrimonio, el padre ciudadano debe haber establecido una relación paterna legítima antes de que el niño cumpla los 18 años, a través de la legitimación o un vínculo paterno demostrado por otros medios, como el apoyo financiero.

- **Requisitos para hijastros**. Los hijastros se consideran familiares inmediatos si el matrimonio entre el padre o madre biológico y el ciudadano estadounidense ocurrió antes de que el/la niño/a alcanzara los 18 años.

Para ambos casos, es necesario presentar un Formulario I-130 individual por cada hijo o hijastro. Estos formularios pueden ser incluidos en el mismo paquete de solicitud que la petición del cónyuge extranjero para facilitar el proceso.

Para residentes permanentes legales

Los hijos de residentes permanentes legales pueden acompañar al cónyuge inmigrante como **beneficiarios derivados**. No es necesario presentar peticiones separadas para cada hijo. Los hijos son **incluidos en la petición principal** del cónyuge inmigrante y pueden inmigrar simultáneamente, considerando la disponibilidad de visas y siempre y cuando se mantengan solteros y menores de 21 años. Los requisitos enumerados en el párrafo de ciudadanos aplican también para residentes.

Información adicional importante

Se debe proporcionar **evidencia** de la relación familiar a través de documentos como certificados de nacimiento o documentos de adopción. La ley de inmigración es específica en cuanto a las definiciones de hijos e hijastros, y los requisitos de edad y estado civil deben ser cumplidos estrictamente.

Consulte con un abogado de inmigración para obtener asesoramiento sobre la mejor manera de incluir a los hijos en el proceso de inmigración y para asegurarse de que todos los formularios y documentos estén en orden. A la vez, es importante mantenerse al día con los cambios en la ley de inmigración que pueden afectar las categorías de elegibilidad y los procesos para los hijos de cónyuges inmigrantes.

Capítulo 10
PETICIONES DE *GREEN CARD* PARA PADRES

Facilitar la reunificación familiar es un pilar de la política de inmigración de Estados Unidos, y ello incluye proporcionar a los hijos la oportunidad de solicitar la residencia permanente para sus padres. Lograr que los progenitores se conviertan en residentes permanentes legales es un proceso que requiere atención detallada y un conocimiento exhaustivo de la legislación de inmigración. En las próximas páginas se pretende clarificar cada requisito y fase involucrada en el procedimiento, proporcionando un mapa claro para quienes buscan esta forma de reunificación.

Quién puede solicitar la petición de residencia permanente para sus padres

Para poder solicitar la petición de residencia permanente para sus padres, el **peticionario** debe cumplir estos dos **requisitos**:

- Debe ser **ciudadano** de los Estados Unidos. Los residentes permanentes legales no tienen la capacidad de peticionar a sus padres para la residencia permanente.

- Debe tener al menos **21 años** para iniciar el proceso de petición para un padre o madre.

Sus **padres** deben cumplir con todos los requisitos aplicables de **elegibilidad** y no deben estar sujetos a ninguna causa de inadmisibilidad que les impida obtener la residencia permanente.

! Importante

Consideraciones para padres presentes en Estados Unidos de manera ilegal

Si los padres están presentes en los Estados Unidos **sin estatus legal**, generalmente no son elegibles para ajustar su estatus a residente permanente legal (*Green Card*) desde dentro de los Estados Unidos. Sin embargo, existen excepciones basadas en categorías específicas de visas y circunstancias particulares, como la Ley de Ajuste Cubano, el estatus de protección temporal (TPS), entre otros.

Las personas que han estado en Estados Unidos sin estatus legal por **más de 180 días, pero menos de un año y luego abandonan el país**, incurren en una prohibición de reingreso de 3 años. Aquellos que han estado en el país **sin estatus legal por más de un año y luego salen**, enfrentan una prohibición de reingreso de 10 años. No obstante, el conteo de estos períodos se aplica solo si la persona sale de Estados Unidos.

Existen **exenciones de inadmisibilidad** que pueden permitir a una persona solicitar el reingreso a los Estados Unidos o ajustar su estatus antes de que transcurra el período de prohibición. Las exenciones se conceden en base a la demostración de **dificultades extremas** para un ciudadano estadounidense o residente permanente legal que es cónyuge o padre del inmigrante, entre otros criterios.

RESIDENCIA AMERICANA

Además, ciertas categorías de inmigrantes pueden ser elegibles para exenciones sin tener que cumplir el período fuera de Estados Unidos.

Es importante diferenciar entre estar en Estados Unidos sin estatus legal y ser deportado. Las **personas deportadas** enfrentan otros periodos de inadmisibilidad que pueden ser más largos dependiendo de las circunstancias de su caso.

Debido a la complejidad de las leyes de inmigración y las consecuencias potencialmente graves de la deportación y la inadmisibilidad, es crucial buscar la **asesoría de un abogado** de inmigración calificado. Un abogado puede evaluar las circunstancias individuales, determinar la elegibilidad para exenciones o encontrar otras vías legales para ajustar el estatus o reingresar a los Estados Unidos.

Cómo tramitar la petición para sus padres

La documentación requerida para la petición de sus padres es la siguiente:

➊ **Formulario I-130**, "Petición para Familiar Extranjero". Este es el formulario oficial a través del cual usted, como ciudadano estadounidense, puede iniciar el proceso de inmigración para sus padres.

➋ **Evidencia de relación familiar**. Proporcione una copia de su certificado de nacimiento donde aparezcan su nombre y el de su madre. Si no nació en Estados Unidos, incluya una copia de su Certificado de naturalización o ciudadanía o su pasaporte estadounidense.

➌ **Matrimonio de los padres**. Adjunte una copia del certificado de matrimonio civil de sus padres.

➍ **Pago de tarifas**. Incluya el comprobante de pago de las tarifas requeridas para el trámite.

Si su padre o madre son **adoptivos**, debe presentar:

○ Una **copia certificada del certificado de adopción** que demuestre que la adopción se llevó a cabo antes de que usted cumpliera 16 años.

○ Una **declaración** que detalle las fechas y lugares en los que residió con sus padres adoptivos.

Si está peticionando a un **padrastro o madrastra**, presente:

○ Una **copia del certificado de matrimonio civil** que demuestre que el matrimonio ocurrió antes de que usted cumpliera 18 años.

○ Copias de cualquier decreto de **divorcio**, certificado de **defunción** o **anulación** para demostrar que los matrimonios anteriores terminaron legalmente.

Para **padres biológicos** en situaciones donde no existió un matrimonio, se requiere:

○ **Si no fue legitimado** por su padre antes de los 18 años, presente evidencia de una relación parental antes de que usted cumpliera 21 años o se casara.

○ **Si fue legitimado** por su padre antes de los 18 años, adjunte pruebas como el certificado de matrimonio de sus padres biológicos o la legislación pertinente que acredite la legitimación.

Ajuste de Estatus en Estados Unidos

Si sus padres están legalmente en Estados Unidos, puede proceder con la solicitud de ajuste de estatus utilizando el Formulario **I-485** junto con el Formulario I-130. Esto les permitirá completar el proceso de inmigración sin necesidad de salir del país.

Procesamiento Consular

Si sus padres están en su país de origen, tras la aprobación del Formulario I-130 por USCIS, se seguirá el procesamiento consular. Después de la emisión de la visa de inmigrante, podrán ingresar a Estados Unidos para finalizar el proceso y recibir su *Green Card*.

Capítulo 11
PETICIONES DE *GREEN CARD* PARA HIJOS

Iniciar el camino hacia la residencia permanente en Estados Unidos para sus hijos puede marcar la diferencia en su futuro, ya que les proporcionará la plataforma para crecer, prosperar y contribuir a la sociedad de una nación diversa y llena de posibilidades.

La Tarjeta de Residente Permanente es la llave que desbloquea estas oportunidades. En las siguientes páginas encontrará los trámites necesarios para que los hijos de ciudadanos o residentes permanentes puedan establecerse en Estados Unidos de manera legal y permanente. Conocerá los pasos a seguir, cada fase del proceso y los documentos necesarios para que este procedimiento sea lo más fluido posible.

Esta parte de la guía está dedicada a los padres que están legalmente en Estados Unidos y desean iniciar el proceso para que sus hijos obtengan la residencia permanente legal. Se abordará la elegibilidad y el procedimiento para presentar una petición familiar, diferenciando entre hijos menores y mayores, y entre hijos solteros y casados.

Elegibilidad y Categorías de Preferencia para hijos de ciudadanos estadounidenses

○ **Hijos menores de 21 años y solteros**. Califican como familiares inmediatos, lo que significa que no están sujetos a límites anuales de visas. Esto facilita tiempos de procesamiento generalmente más rápidos, ya que pueden obtener una visa de inmediato.

○ **Hijos adultos mayores de 21 años y solteros**. Se clasifican dentro de la primera categoría de preferencia (F1).

○ **Hijos casados de cualquier edad**. Se encuentran en la tercera categoría de preferencia (F3), junto con sus cónyuges e hijos solteros que cumplan ciertos criterios. Esta categoría está sujeta a límites numéricos anuales, lo que puede resultar en tiempos de espera más prolongados.

Elegibilidad y Categorías de Preferencia para hijos de residentes permanentes legales

○ **Hijos menores de 21 años y solteros**. Los hijos solteros menores de 21 años de residentes permanentes legales están clasificados bajo la segunda categoría de preferencia familiar (F2A). Esta categoría incluye hijos biológicos, así como hijos adoptivos e hijastros, siempre que la relación hijastro/padrastro se haya establecido antes de que el hijo cumpliera 18 años.

○ **Hijos adultos mayores de 21 años y solteros**. Son parte de la subcategoría 2B. Al igual que con la categoría 2A, esta subcategoría incluye hijos biológicos, adoptivos e hijastros (siempre que la relación se haya establecido antes de que el hijo cumpliera 18 años).

Los hijos casados que se han divorciado o son viudos se consideran solteros para fines de inmigración.

Cabe recordar que para que un niño sea considerado hijo bajo la INA, debe ser soltero y menor de 21 años, o un hijo adoptivo (donde la adopción se completó antes de los 16 años y se cumplen otros requisitos legales), o un hijastro (siempre que la relación se haya establecido antes de que el hijastro cumpliera 18 años).

Los **tiempos de procesamiento** para hijos de residentes permanentes legales suelen ser más largos que para los hijos de ciudadanos. Por lo tanto, es recomendable obtener la ciudadanía estadounidense tan pronto como sea posible para potencialmente acelerar el proceso de petición. El tiempo de procesamiento para las diferentes categorías de preferencia en las peticiones a través de familiares está detallado en la sección correspondiente de esta guía.

RESIDENCIA AMERICANA

Antes de presentar cualquier petición, es esencial revisar las definiciones legales de "hijo" y comprender cómo la ley de inmigración de Estados Unidos las aplica a su caso particular. Consulte siempre con un abogado especializado en inmigración.

❗ Importante

Es muy importante que sus hijos **no se casen** durante el tiempo de procesamiento de la petición en los casos en que el solicitante es residente permanente legal, dado que **dejarían de ser elegibles**. Es bueno que les explique a sus hijos que, si se casan, podrían anular su derecho a inmigrar con usted. En el caso de ciudadanos, los hijos bajarían a tercera categoría de preferencia, lo que puede resultar en bastantes años de espera adicional a la que les correspondería siendo hijos solteros. Cumplir 21 años durante el procesamiento de la petición puede resultar en cambios a la elegibilidad. Consulte con un abogado o con el USCIS para conocer las protecciones que le ofrece la Ley de Protección del Estatus del Menor.

La Ley de Protección de Estatus del Menor

La Ley de Protección del Estatus del Menor (*Child Status Protection Act*, CSPA) fue promulgada en los Estados Unidos el 6 de agosto de 2002 para abordar un problema específico en el proceso de inmigración: **el envejecimiento de los niños** que se convierten en adultos (mayores de 21 años) durante el largo proceso de solicitud de visa de inmigrante, lo que podría descalificarlos para obtener la visa como dependientes de sus padres.

La CSPA permite a ciertos solicitantes **conservar la clasificación como "niños"** bajo la definición de inmigración, incluso si han cumplido 21 años, lo que significa que pueden seguir siendo considerados como dependientes menores de edad de sus padres para propósitos de inmigración.

Esta ley evita que los jóvenes pierdan la oportunidad de inmigrar con sus familias debido a demoras administrativas que están fuera de su control, y garantiza que las familias puedan permanecer juntas sin ser penalizadas por retrasos en el procesamiento de visas.

Cómo funciona la CSPA

La CSPA aplica una fórmula para determinar si un solicitante puede ser considerado como menor de 21 años en el momento de la adjudicación de su solicitud de visa o ajuste de estatus. La ley incluye las siguientes disposiciones:

❶ **Congelación de la edad para algunos solicitantes:** Para los hijos de ciudadanos estadounidenses que aún no han cumplido 21 años en el momento de presentar la solicitud de inmigrante (Formulario I-130), su edad se "congela" y no son afectados por el tiempo de procesamiento.

❷ **Cálculo de la edad para otras categorías de preferencia:** Para los hijos de residentes permanentes legales o aquellos patrocinados en categorías de preferencia familiar, la "edad" del hijo se calcula tomando la edad real al momento de la disponibilidad de la visa y restando el tiempo que el Formulario I-130 ha estado pendiente. Si después de este cálculo el hijo aún tiene menos de 21 años, puede beneficiarse de la CSPA.

❸ **Solicitudes de Asilo y Refugio:** Los hijos incluidos en las solicitudes de asilo o refugio de sus padres también pueden beneficiarse de la CSPA. En estos casos, si la solicitud principal se aprueba, la edad de los hijos se congela en la fecha en que se presentó la solicitud principal.

Documentación requerida para la petición de *Green Cards* para hijos

Solicitar la residencia permanente (*Green Card*) para sus hijos requiere la presentación de documentos específicos para probar la relación y su elegibilidad. Aquí se detallan los **documentos necesarios**:

❶ Formulario **I-130**, Petición de Familiar Extranjero (completado y firmado, con el pago de la tarifa de procesamiento correspondiente).

❷ Evidencia de su **ciudadanía** estadounidense presentando:

a) Copia de su certificado de nacimiento de los Estados Unidos o

b) Copia de su pasaporte estadounidense válido (que no haya caducado) o

c) Copia de su Informe Consular sobre Nacimiento en el Extranjero o

d) Copia de su Certificado de naturalización o ciudadanía.

❸ Si usted es un **residente permanente**, debe demostrar su estatus mediante:

a) Copia (frente y dorso) del Formulario I-551 (*Green Card*) o

b) Copia de su pasaporte extranjero mostrando evidencia temporal de residencia permanente.

❹ Si su **nombre** o el **nombre del menor** ha cambiado, debe evidenciar el cambio legal de nombre (puede incluir certificado de matrimonio, decreto de divorcio, decreto de adopción, orden judicial de cambio de nombre, etc.)

Adicional a los documentos anteriores, hay que presentar una **evidencia de la relación**. Los requerimientos varían según cada caso, y son específicos para cada relación. Veámoslo a continuación.

○ Para madres. Una copia del certificado de nacimiento del menor.

○ Para padres. El certificado de nacimiento, más el certificado de matrimonio con la madre, y si es aplicable, documentos que acrediten la terminación legal de cualquier matrimonio previo.

○ Si el padre no se casó con la madre. Proporcionar evidencia de la relación padre-hijo, incluyendo pruebas de soporte financiero y/o emocional antes de que el hijo cumpla 21 años o se case.

○ Para padrastros o madrastras. Certificado de nacimiento del hijo y certificado de matrimonio con el padre/madre biológico o gestacional, y pruebas de terminación legal de matrimonios previos.

○ **Para padres adoptivos**. El certificado de nacimiento original del niño, decreto de adopción final, y pruebas de dos años de custodia legal y física. Es esencial demostrar dos años de custodia legal y física. La custodia legal implica una decisión judicial que otorga la responsabilidad parental antes de la adopción final, mientras que la custodia física se refiere al tiempo durante el cual el niño vivió bajo su cuidado.

Recuerde

Definición de "menor" en el Proceso de Inmigración

En el ámbito de la inmigración estadounidense, un "menor" es definido como:

○ **Hijo genético nacido dentro del matrimonio**. Incluye a cualquier hijo nacido durante el matrimonio de sus padres biológicos.

○ **Hijo genético nacido fuera del matrimonio**.

- Cuando la madre es la peticionaria, no se requiere ningún proceso adicional de legitimación.
- Si el peticionario es el padre, la legitimación puede ser necesaria conforme a las leyes del lugar donde el padre o el hijo residen.
- Si no hay legitimación según la ley aplicable, el padre debe demostrar que existió una relación continua padre-hijo antes de que el hijo cumpliera 21 años y mientras este permanecía soltero.

○ **Hijos a través de tecnología de reproducción asistida (ART)**. Incluye a hijos nacidos de una madre gestacional no genética, si las leyes relevantes reconocen a esta mujer como la madre legal del niño al momento del nacimiento.

○ **Hijastros**. Son elegibles siempre y cuando el matrimonio entre el padre/madre biológico/a y el padrastro/madrastra se haya efectuado antes de que el niño cumpliera 18 años.

○ **Niños adoptados**. El niño debe haber sido adoptado antes de los 16 años de edad (con la excepción para hermanos adoptivos, donde uno puede ser mayor de 16 pero menor de 18 años) y debe haber vivido bajo la custodia legal y física del padre adoptivo por 2 años antes de la adopción. Es importante destacar que

RESIDENCIA AMERICANA

> estas dos condiciones (custodia legal y física) no necesitan coincidir en tiempo, pero cada una debe haberse cumplido por lo menos durante 2 años.
>
> **Nota**: La mayoría de los procesos de adopción internacional se llevan a cabo a través del proceso para huérfanos o del **Proceso de La Haya**. El Formulario I-130 se usa generalmente solo si el niño no cumple con la definición de huérfano según las leyes de inmigración.

Cómo procesar su aplicación

Para garantizar la reunificación familiar, es muy importante comprender los procedimientos de inmigración y cumplir con todas las fases del proceso. Al peticionar a sus hijos para la residencia permanente en los Estados Unidos, **los pasos variarán según su estatus legal en Estados Unidos y la ubicación actual de sus hijos**. La asesoría de un abogado de inmigración especializado garantizará el enfoque más estratégico y evitará retrasos o problemas en la petición familiar.

Para ciudadanos estadounidenses peticionando a hijos menores no casados

Si sus hijos no casados y menores de 21 años están físicamente en los Estados Unidos, pueden presentar el **Formulario I-485**, "Solicitud de Registro de Residencia Permanente o Ajuste de Estatus" simultáneamente con el **Formulario I-130**, "Petición para Familiar Extranjero". Esto les permite ajustar su estatus sin la necesidad de salir del país, ya que califican como familiares inmediatos, y las visas están disponibles inmediatamente.

Para ciudadanos estadounidenses peticionando a hijos mayores o casados

Si peticiona a hijos casados o mayores de 21 años, primero deberá presentar el **Formulario I-130**. Sus hijos no podrán presentar el Formulario I-485 hasta que haya una **visa disponible**, lo cual está sujeto a la **disponibilidad** según el boletín de visas del Departamento de Estado, debido a que caen en una categoría de preferencia con limitaciones numéricas.

Para residentes permanentes peticionando a hijos

Como residente permanente, también iniciará el proceso presentando el **Formulario I-130**. Sin embargo, sus hijos solo podrán presentar el Formulario I-485 cuando haya una **visa disponible** para ellos, lo que también depende de la **disponibilidad** en el boletín de visas. Los hijos menores de 21 años se clasifican en la categoría 2A, mientras que los hijos mayores de 21 años se clasifican en la categoría 2B.

Para hijos que residen fuera de los Estados Unidos

En el caso de hijos que viven fuera de Estados Unidos, después de que usted tramita y USCIS aprueba el **Formulario I-130**, el caso pasa a procesamiento consular. Esto significa que la petición se envía al Centro Nacional de Visas (NVC) y luego a la embajada o al consulado correspondiente. Los hijos deberán esperar a que una **visa** esté **disponible** y luego completar el proceso consular, incluyendo asistir a una entrevista de visa y cumplir con otros requisitos antes de recibir su visa de inmigrante.

Cómo sus hijos pueden vivir en Estados Unidos mientras su petición está en trámite

Si usted es **ciudadano** de los Estados Unidos y ha presentado el Formulario I-130 para su hijo menor no casado, existe la posibilidad de que su hijo solicite una visa **K-4 no inmigrante**. Esta visa permitiría a su hijo venir a los Estados Unidos y residir aquí durante el proceso de la petición de visa. Para solicitar la visa K-4, deberá presentar el Formulario **I-129F** para su hijo, además del Formulario I-130.

Es importante mencionar que la visa K-4 es una **opción** y no un requisito. Su hijo puede optar por esperar en su país de origen hasta que la visa de inmigrante esté procesada y aprobada. La visa K-4 puede ser una vía para que su hijo llegue a los Estados Unidos de manera más expedita, pero es una opción discrecional basada en ciertos criterios y la aprobación no está garantizada.

Además, tenga en cuenta lo siguiente:

○ La visa K-4 está sujeta a **disponibilidad**, así como a la discreción de las autoridades consulares.

○ Es imprescindible que el hijo acompañante sea **menor** de edad y que **no esté casado** para calificar para la visa K-4.

○ El proceso y la elegibilidad para la visa K-4 pueden cambiar, por lo que se recomienda consultar con un abogado de inmigración o directamente con USCIS para obtener la información actualizada y relevante.

Capítulo 12
PETICIONES DE *GREEN CARD* PARA HERMANOS Y HERMANAS

Obtener una *Green Card* como hermano o hermana de un ciudadano estadounidense representa una de las vías familiares de inmigración a Estados Unidos. Este proceso permite a los **ciudadanos estadounidenses mayores de 21 años patrocinar la residencia permanente de sus hermanos**, brindándoles la oportunidad de vivir y trabajar legalmente en Estados Unidos.

Aunque el proceso puede ser extenso debido a los límites anuales en la cantidad de visas disponibles, resulta ser una recompensa valiosa: la reunificación familiar y la estabilidad en uno de los países más diversos y con mayores oportunidades del mundo.

La solicitud requiere una serie de pasos legales precisos, que incluyen la presentación del Formulario I-130 (Petición para Familiar Extranjero) y la espera de una visa disponible según el Boletín de Visas del Departamento de Estado. Durante este tiempo, es esencial mantenerse al tanto de los cambios en las políticas de inmigración y comprender los múltiples factores que pueden afectar el tiempo de procesamiento de su caso.

Este privilegio no se extiende a **los residentes permanentes**, quienes **no pueden peticionar a sus hermanos.**

Criterios de elegibilidad

Para que un hermano sea elegible para la residencia permanente, debe tener una de las siguientes relaciones con el ciudadano estadounidense:

- Hermanos biológicos completos.
- Medio hermanos, compartiendo un padre biológico.
- Hermanastros relacionados por el matrimonio de sus padres.
- Hermanos adoptados, siempre que la adopción haya ocurrido antes de que el hijo adoptado cumpliera 16 años.

El **patrocinador** de este tipo de tarjeta de residencia familiar **debe ser un ciudadano estadounidense que tenga 21 años o más**. También deberá mostrar documentos de respaldo, como certificados de divorcio, adopción o matrimonio de los padres, para demostrar su **relación familiar** con su hermano o hermana peticionado y probar la **capacidad financiera** del patrocinador para mantener a los miembros de la familia.

Proceso de aplicación

Si su hermano o hermana ya se encuentra **dentro de los Estados Unidos** (por medio de ingreso legal o permiso anticipado de viaje), tramite el Formulario **I-130**, "Petición de Familiar Extranjero". Si hay número de visa disponible, su hermano presentará simultáneamente el Formulario **I-485**, "Solicitud de Registro de Residencia Permanente o Ajuste de Estatus".

Si, por el contrario, su hermano o hermana se encuentra **fuera de los Estados Unidos**, tan pronto el Formulario I-130 sea aprobado, será enviado para su tramitación consular. La embajada de los Estados Unidos o el consulado le proporcionará avisos e información sobre su procesamiento, incluyendo las entrevistas y los exámenes médicos, que se realizarán en el país de origen.

Documentación necesaria

Para completar el proceso de petición de un hermano o hermana exitosamente, se debe presentar la siguiente documentación:

○ Formulario I-130 (firmado y con la tarifa correspondiente).

○ Evidencia de que usted es un ciudadano de los Estados Unidos:

- Copia de su pasaporte válido de los Estados Unidos o
- Copia de su certificado de nacimiento en los Estados Unidos o
- Copia del Informe consular sobre nacimiento en el extranjero o
- Copia de su certificado de naturalización o de ciudadanía.

○ En caso de padres diferentes, presentar certificados de matrimonio y evidencia de terminación de matrimonios anteriores.

○ Para hermanos adoptados, decretos de adopción.

○ Para hermanos por padrastro, certificado de matrimonio del padrastro con el padre biológico y prueba de terminación de matrimonios previos.

○ Evidencia de cualquier cambio legal de nombre que sea relevante.

○ Formulario I-864, Declaración Jurada de Patrocinio Económico.

❗ Importante

No existe un mecanismo para que los hermanos ingresen a Estados Unidos mientras su Formulario I-130 está pendiente. Generalmente, aquellos que poseen una **visa de inmigrante pendiente o aprobada no suelen calificar para visas de no inmigrante** debido a la presunción de inmigración.

Capítulo 13
RESIDENCIA PERMANENTE A TRAVÉS DEL TRABAJO

El sueño de construir una vida en los Estados Unidos de América es compartido por millones de personas alrededor del mundo. Obtener una *Green Card* a través del empleo es uno de los caminos más viables para alcanzar este sueño, permitiendo a individuos calificados y sus familias vivir y trabajar permanentemente en Estados Unidos.

Este proceso, regido por un conjunto de regulaciones claras y categorías de preferencia, abre las puertas a profesionales destacados, trabajadores calificados, y a aquellos dispuestos a invertir en la economía americana.

En las siguientes páginas se detalla cada paso necesario para navegar este camino hacia la residencia permanente, desde la certificación laboral hasta la admisión final en el país como residente permanente legal, con información precisa y consejos prácticos.

Categorías de preferencia de empleo para la *Green Card*

La inmigración basada en el empleo se divide en **cinco categorías** de preferencia, cada una con sus requisitos y procedimientos específicos. Al cierre de la presente guía, la cantidad anual de visas para inmigrantes de preferencia basada en empleo es de al menos 140.000. La primera, segunda y tercera categorías acumulan un 28.6% del total cada una. La cuarta y quinta, un 7.1% del total cada una, respectivamente.

Primera preferencia EB-1

Puede que usted sea elegible para recibir una visa de primera preferencia, basada en un empleo, si usted es un **extranjero**

con una aptitud extraordinaria, un profesor o investigador sobresaliente, o un ejecutivo o gerente de una multinacional. Cada categoría tiene determinados requisitos que deben cumplirse. Dado que esta categoría está en la primera preferencia, generalmente hay menos demora para la disponibilidad de visas comparado con otras categorías basadas en el empleo.

Personas con aptitud extraordinaria

Tiene que ser capaz de demostrar que tiene alguna **aptitud extraordinaria en las ciencias, artes, educación, negocios o deportes a través del reconocimiento continuo nacional o internacional**. Debe cumplir con por lo menos **tres** de los diez criterios que aparecen a continuación, o facilitar pruebas de algún **logro** obtenido en una sola ocasión (por ejemplo: Pulitzer, Oscar, medalla olímpica), así como **evidencia** que demuestre que usted aún trabaja en el área de experiencia. No se requiere una oferta de empleo o certificación laboral.

Para **demostrar** que usted ha tenido un **reconocimiento** nacional o internacional y que sus logros han sido reconocidos en su área de especialidad, debe incluir **evidencia** que cumple con tres de los siguientes diez criterios (o evidencia comparable si alguno de los criterios no aplica fácilmente):

- Prueba de que recibió **premios o galardones** a la excelencia de menor reconocimiento nacional o internacional.

- Prueba de su **membresía** en asociaciones en su campo que exijan que sus miembros obtengan logros destacados.

- Prueba de **materiales publicados** sobre usted en publicaciones profesionales o en publicaciones comerciales importantes o en otros medios de comunicación importantes.

- Prueba de que se le ha pedido que **juzgue el trabajo de otras personas**, ya sea individualmente o como parte de un panel.

- Prueba de sus **contribuciones** científicas, artísticas, en el campo académico, en los deportes o en relación con los negocios de notable importancia en su campo.

- ⊙ Prueba de **autoría** de artículos académicos aparecidos en publicaciones profesionales o en publicaciones comerciales importantes o en otros medios de comunicación importantes.

- ⊙ Prueba de que su trabajo se ha **exhibido** en exposiciones o muestras artísticas.

- ⊙ Prueba de su desempeño en un **papel principal o de suma importancia** en organizaciones distinguidas.

- ⊙ Prueba de que usted cuenta con un **salario alto** o con alguna otra remuneración notablemente alta en comparación con otras personas en su campo.

- ⊙ Prueba de sus **éxitos** comerciales en las artes escénicas.

❗ Importante

Usted se puede solicitar a su propio nombre (autopeticionar) mediante un Formulario **I-140**, "Petición para trabajador extranjero".

Profesores e investigadores sobresalientes

Tiene que demostrar que se ha ganado el **reconocimiento internacional** con sus destacados logros en un campo académico particular. Deberá tener al menos tres años de experiencia en la docencia o en la investigación en esa área académica. La razón para entrar a los Estados Unidos deberá ser la **búsqueda de una titularidad o de un puesto de profesor titular** o de un puesto investigativo similar en una universidad, institución de educación superior o empleador privado.

Debe cumplir con por lo menos **dos** de los seis criterios que se mencionan a continuación, y proporcionar una oferta de empleo de su futuro empleador en los Estados Unidos. El **empleador** privado debe demostrar **logros** que estén documentados y que emplea por lo menos a tres investigadores a tiempo completo. No se requiere una certificación laboral.

Para **demostrar** que usted es un profesor o investigador destacado, debe incluir **evidencia** de dos de los siguientes seis criterios (o evidencia comparable si alguno de los criterios no aplica fácilmente):

- Prueba de que ha recibido **premios o galardones** importantes por sus destacados logros.

- Prueba de su **membresía** en asociaciones que exijan que sus miembros obtengan logros destacados.

- Prueba de **material publicado** en publicaciones profesionales escrito por otros sobre el trabajo del extranjero en el campo académico.

- Prueba de su **participación**, ya sea en un panel o individualmente, como **juez** del trabajo de otros en el mismo campo académico o en un campo relacionado.

- Prueba de **contribuciones investigativas** científicas o académicas originales en su campo.

- Prueba de **autoría** de libros o artículos académicos (en publicaciones académicas de circulación internacional) en su campo.

❗ Importante

Su **empleador estadounidense** deberá presentar un Formulario **I-140**, "Petición para trabajador extranjero". Como parte del proceso de solicitud, su empleador debe poder demostrar su **capacidad** continua de pagarle el salario ofrecido a partir de la Fecha de Prioridad. Su empleador puede usar un informe anual, declaración de impuestos federales, o estado financiero auditado para demostrar que tiene capacidad continua para pagarle su salario.

Ejecutivo o gerente de una multinacional

Deberá haber estado empleado **fuera de Estados Unidos** durante al menos un año de los tres anteriores a la petición o de la más reciente admisión legal de no inmigrante si usted ya trabaja para el empleador estadounidense peticionario. El empleo debe haber sido con la misma empresa o una filial, subsidiaria, o empresa matriz de la entidad que le empleará en los Estados Unidos.

El empleador que hace la petición tiene que ser un **empleador estadounidense** y tener la intención de emplearlo a usted a nivel gerencial o ejecutivo. No se requiere una certificación laboral, pero sí demostrar que tiene la capacidad financiera para pagar el salario ofrecido al empleado, así como pruebas de empleos previo y futuro, y evidencia de la relación corporativa entre la entidad en el extranjero y la entidad en Estados Unidos (artículos de incorporación, estados financieros y pruebas de propiedad, entre otros).

El **proceso de solicitud** es idéntico al de profesores e investigadores sobresalientes.

Familiares de titulares de visas EB-1

Si se aprueba su petición **I-140**, su cónyuge e hijos solteros menores de 21 años podrían ser elegibles para solicitar admisión a Estados Unidos con el estatus de inmigrante **E-14** o **E-15**, respectivamente. Como parte de las ventajas de estos estatus es que los cónyuges pueden solicitar un Documento de Autorización de Empleo (EAD) para trabajar legalmente en Estados Unidos, y los hijos pueden estudiar en las escuelas de Estados Unidos sin necesidad de visa de estudiante.

Segunda Preferencia EB-2

Puede que usted sea elegible para recibir una visa de segunda preferencia basada en un empleo si es un **profesional** y tiene un **título de posgrado** o su equivalente, o es un extranjero que tiene una **aptitud excepcional**.

Título de posgrado como requisito de elegibilidad

La posición para la cual se busca la visa debe requerir un grado académico avanzado como un requisito mínimo para el puesto. Esto debe ser claramente especificado en la oferta de empleo o descripción del trabajo. Se considera un grado académico avanzado cualquier título de Estados Unidos o equivalente extranjero que esté por encima del nivel de licenciatura. Esto incluye maestrías, doctorados, o ciertos títulos profesionales que requieran un grado de licenciatura como mínimo para su admisión. El **empleador** debe proporcionar una **descripción detallada del puesto** que demuestre la necesidad de un empleado con un grado académico avanzado.

Si no posee un grado académico avanzado pero tiene una licenciatura y al menos cinco años de experiencia progresiva en su campo, esto puede ser considerado **equivalente** a un grado académico avanzado para propósitos de elegibilidad para EB-2.

Deberá cumplir con cualquier otro requisito especificado en la certificación laboral, según corresponda. Antes de presentar la solicitud de visa EB-2, en la mayoría de los casos, el **empleador** debe obtener una **Certificación Laboral** del Departamento de Trabajo de Estados Unidos. Esto implica probar que no hay trabajadores estadounidenses calificados y disponibles para el puesto, y que el empleo del extranjero no afectará adversamente los salarios y condiciones laborales de trabajadores estadounidenses similares.

Como evidencia, presente documentación tal como registros académicos oficiales que muestren que usted tiene un título de posgrado de Estados Unidos o un título extranjero equivalente; o registros académicos oficiales que muestren que usted tiene un título de licenciado (*Bachelor*) de Estados Unidos o un título extranjero equivalente y cartas de antiguos empleadores o de su empleador actual que muestren que usted tiene al menos cinco años de experiencia laboral progresiva en la especialidad después de haber recibido el grado de Bachiller (*Bachelor,* en inglés).

Aptitud excepcional como requisito de elegibilidad

Tendrá que ser capaz de demostrar que tiene alguna aptitud excepcional en las ciencias, las artes o los negocios. Por aptitud excepcional "se entiende un grado de **habilidad notablemente por encima** de lo que normalmente se encuentra en las ciencias, las letras o los negocios". Usted deberá cumplir con cualquier requisito especificado en la certificación laboral.

Como **evidencia**, deberá reunir al menos tres de los siguientes siete requisitos:

1. Registros académicos oficiales que muestren que usted tiene un **título**, **diploma**, **certificado** o **galardón** similar otorgado por un colegio universitario, universidad, escuela u otra institución docente relacionada con el campo en el cual usted tiene una aptitud excepcional.

2. Cartas que documenten que tiene al menos **10 años de experiencia** en su profesión a tiempo completo.

3. Un permiso para practicar su profesión o una **certificación** de su profesión u ocupación.

4. Prueba de que usted ha recibido un **salario** u otro tipo de **remuneración** por sus servicios que demuestran que tiene una aptitud excepcional.

5. **Membresía** en una o varias asociaciones profesionales.

6. **Reconocimiento** por parte de colegas, entidades del gobierno, organizaciones profesionales o de negocios por sus logros y notables contribuciones a su industria o campo.

7. También se aceptará **otra muestra de elegibilidad** similar.

Certificación laboral y capacidad de pago

Las peticiones de segunda preferencia basadas en el empleo (mediante el Formulario **I-140**, "Petición para trabajador extranjero") generalmente deben ir acompañadas de una solicitud certificada de Certificación de Empleo Permanente del Departamento de Trabajo (DOL) en el formulario ETA 9089.

Como parte del proceso de solicitud, su **empleador** debe demostrar la **capacidad de pagar** el salario ofrecido a partir de la Fecha de Prioridad de la visa. Se puede usar un informe anual, una declaración de impuestos federales o un estado financiero auditado para demostrar la capacidad continua para pagar su salario. **Puede solicitar una exención** de este requisito en interés nacional a través de la petición presentada ante USCIS.

Familiares de titulares de visas EB-2

Si se aprueba su petición I-140, puede que su cónyuge y sus hijos menores de 21 años resulten elegibles para ingresar a Estados Unidos bajo los estatus de inmigrantes E-21 y E-22, respectivamente.

Tercera Preferencia EB-3

Puede ser que cumpla con los requisitos para esta categoría de preferencia de visa de inmigrante si usted es un **trabajador especializado, un profesional u otro tipo de trabajador**.

- Los "trabajadores especializados" son aquellas personas cuyo trabajo exige un mínimo de dos años de capacitación o de experiencia laboral, no de naturaleza temporal o eventual.

- Los "profesionales" son aquellas personas cuyo trabajo exige al menos un título de licenciado (*Bachelor*) de los Estados Unidos o su equivalente en el extranjero y que sea un profesional.

- La subcategoría "otros trabajadores" es para aquellas personas que realizan un trabajo no especializado que exige menos de dos años de capacitación o experiencia, no de índole temporal o eventual.

En los tres casos se requiere una **certificación laboral** y una oferta de trabajo permanente de **jornada completa**, cumplir con cualquier requisito especificado en la certificación laboral y realizar un trabajo para el cual **no haya trabajadores calificados disponibles en los Estados Unidos**.

Trabajadores especializados

Tiene que ser capaz de demostrar que tiene al menos dos años de experiencia laboral, educación, o capacitación que cumpla con los requisitos especificados en la certificación laboral. Disponer de educación superior (terciaria) relevante podría ser considerada como capacitación.

Profesionales

Debe demostrar que tiene un título de *Bachelor* (licenciatura) de los Estados Unidos o su equivalente en el extranjero, y que el título de licenciado es el requisito normal que se exige para ingresar en la profesión. La educación y la experiencia que tenga no deberán reemplazar al título de licenciado.

Trabajadores no especializados (otros trabajadores)

Debe demostrar la capacidad de realizar un trabajo no especializado que exija menos de dos años de capacitación o experiencia y que no sea de naturaleza temporal o estacional.

Proceso de solicitud

El **empleador** (peticionario) debe presentar un Formulario I-140, "Petición de trabajador extranjero" y **demostrar una capacidad continua para pagar al empleado el salario** ofrecido a partir de la Fecha de Prioridad de su visa.

Familia de titulares de visa EB-3

Si su Formulario I-140 es aprobado, su cónyuge e hijos solteros menores de 21 años podrían ser elegibles para solicitar la admisión a Estados Unidos en la categoría E34 (cónyuge de un "trabajador especializado" o "profesional"), EW4 (cónyuge de "otro tipo de trabajador"), E35 (hijo de "trabajador especializado" o de un "profesional") o EW5 (hijo de "otro tipo de trabajador").

Cuarta Preferencia EB-4

Usted podría ser elegible para una visa de cuarta preferencia basada en empleo si es un **inmigrante especial**. Los siguientes inmigrantes especiales son elegibles para una visa de cuarta preferencia (ver el capítulo sobre todas las maneras de obtener la *Green Card* para más detalles):

- Trabajadores religiosos.
- Jóvenes Inmigrantes Especiales.
- Ciertos representantes de los medios de comunicación.
- Algunos oficiales retirados o empleados de una organización internacional G-4 o empleados civiles de NATO-6 y sus familiares.

RESIDENCIA AMERICANA

- Ciertos empleados del gobierno de Estados Unidos que están en el extranjero y sus familiares.
- Miembros de las Fuerzas Armadas de Estados Unidos.
- Empleados de la Compañía del Canal de Panamá o empleados gubernamentales en el Canal de Panamá.
- Ciertos médicos licenciados y que practican medicina en un estado estadounidense al 9 de enero de 1978.
- Traductores o intérpretes iraquíes o afganos.
- Iraquíes que fueron empleados por o a nombre del gobierno de Estados Unidos.
- Afganos que fueron empleados por el gobierno de Estados Unidos o la Fuerza de Ayuda de Seguridad Internacional (ISAF).

Para hacer una petición de inmigrante de cuarta preferencia basada en empleo, el empleador (según la clasificación) deberá enviar un Formulario **I-360**, Petición de Amerasiático, Viudo/a o Inmigrante Especial. Lea las instrucciones del formulario para ver si cumple con los requisitos para hacer la petición usted mismo y qué documentos de apoyo deben adjuntarse.

Algunas clasificaciones EB-4 permiten que el cónyuge e hijos solteros menores de 21 años también puedan ingresar a Estados Unidos.

Quinta Preferencia EB-5

Se trata del Programa de Inversionistas Inmigrantes, administrado por el USCIS. Bajo este programa, los **inversionistas** (y sus cónyuges e hijos solteros menores de 21 años) son elegibles para solicitar la **residencia permanente** si realizan la **inversión** necesaria en una empresa comercial en los Estados Unidos y planifican **crear o conservar diez empleos permanentes** para trabajadores estadounidenses cualificados.

El Congreso de Estados Unidos creó el Programa EB-5 en 1990 para estimular la economía estadounidense por medio de la creación de empleos y la inversión de capital por parte de inversionistas extranjeros. Bajo el primer programa piloto de inmigración promulgado en 1992 y reautorizado desde entonces, los inversionistas también pueden calificar para la clasificación de visas EB-5 mediante la inversión a través de centros regionales designados por USCIS en base a propuestas para promover el crecimiento económico.

❗ Importante

El 15 de marzo de 2024, el presidente Biden firmó una ley que incluye la autorización para un Programa del Centro Regional de Inversionistas Inmigrantes EB-5 y varias fechas de implementación efectivas para el programa. El programa estará vigente hasta el 30 de septiembre de 2027. El USCIS está revisando la nueva legislación a la fecha del cierre de esta edición, por lo que sugerimos recurrir a la página web del USCIS (uscis.gov/es) para obtener orientación adicional y actualizada.

Bajo este programa, los **inversionistas** (y sus cónyuges e hijos solteros menores de 21 años) son elegibles para solicitar la residencia permanente si:

◯ Realizan **la inversión necesaria** en una empresa comercial en los Estados Unidos; y

◯ Planifican crear o conservar **diez empleos permanentes** para trabajadores estadounidenses cualificados.

La siguiente información está siendo actualizada como resultado de la Ley de Reforma e Integridad de EB-5 de 2022. **Verifique periódicamente las actualizaciones**.

◯ **Inversión estándar**. La cantidad requerida para la inversión en la mayoría de las áreas es de $1.800.000. Esta inversión debe crear al menos diez empleos de tiempo completo para trabajadores calificados en Estados Unidos.

◯ **Inversión en un Centro Regional**. Si la inversión se realiza en un área de empleo deseada y específica o a través de un Centro Regional aprobado por USCIS, la cantidad de inversión puede reducirse a $900.000. También, debe resultar en la creación de diez empleos de tiempo completo.

Proceso general para obtener una *Green Card* a través del empleo en 10 pasos

A continuación, le ofrecemos un resumen detallado en **10 pasos** del proceso general para obtener una *Green Card* a través del empleo, pero es importante tener en cuenta que pueden existir variaciones y requisitos adicionales dependiendo de la categoría de empleo específica y otras circunstancias individuales.

❶ **Determinar la elegibilidad.** Antes de iniciar el proceso, es fundamental que usted verifique si cumple con los requisitos para la categoría de empleo específica bajo la cual está solicitando la *Green Card*. Estas categorías están diseñadas para diferentes tipos de trabajadores, como profesionales, personas con habilidades extraordinarias, inversores, trabajadores religiosos, entre otros.

❷ **Obtener una oferta de empleo**. En la mayoría de los casos, necesitará la oferta de empleo de un empleador estadounidense dispuesto a patrocinarlo para obtener la *Green Card*. Esta oferta de empleo suele estar sujeta a la aprobación de USCIS.

❸ **Obtener la Certificación Laboral (PERM)**. Para la mayoría de las categorías EB-2 y EB-3, es necesario que el empleador obtenga una certificación laboral del Departamento de Trabajo de Estados Unidos, lo que demuestra que no hay trabajadores estadounidenses cualificados y disponibles para el puesto ofrecido.

❹ **Presentar una petición de visa de inmigrante (Formulario I-140)**. Una vez que tenga una oferta de empleo y, si es necesario, una Certificación Laboral (PERM), su empleador presentará una petición de visa de inmigrante en su nombre ante USCIS, que demuestra la capacidad del empleado para cumplir con los requisitos del trabajo y la capacidad del empleador para pagar el salario ofrecido. Este proceso implica completar y presentar varios formularios y documentación, junto con el pago de las tarifas correspondientes.

5 **Procesamiento de la petición**. El USCIS revisará detalladamente la petición y la documentación adjunta para asegurarse de que cumplan con los requisitos. Puede solicitar evidencia adicional o programar una entrevista en caso necesario.

6 **Exámenes médicos y entrevista**. Se deben completar exámenes médicos por un médico autorizado por el USCIS. Y asistir a una entrevista, si se requiere, generalmente en la oficina de USCIS o en el consulado o embajada.

7 **Aprobación de la petición**. Si USCIS aprueba su petición, avanzará al siguiente paso del proceso. Según las cuotas por país y categoría, puede haber tiempos de espera para que una visa esté disponible. La información actualizada sobre la disponibilidad de visas, cuotas anuales, y tiempos de espera la encontrará en el Boletín de Visas del Departamento de Estado de los Estados Unidos (travel.state.gov).

8 **Ajuste de Estatus o Procesamiento Consular.** Si el solicitante está en Estados Unidos, puede ajustar su estatus al de residente permanente a través del Formulario I-485, Solicitud de Registro de Residencia Permanente o Ajuste de Estatus. Si está fuera de Estados Unidos, debe realizar el procesamiento consular en un consulado o embajada de Estados Unidos.

9 **Proceso de visa (si aplica)**. Dependiendo de su situación y de la categoría de visa, es posible que necesite obtener una visa de inmigrante en una embajada o consulado de Estados Unidos en su país de origen antes de poder ingresar a Estados Unidos y recibir su *Green Card*.

10 **Recepción de la *Green Card***. Una vez en Estados Unidos. con su visa de inmigrante, o después de ajustar su estatus, el USCIS emitirá su *Green Card* y la enviará a la dirección proporcionada durante el proceso de solicitud.

Documentos requeridos

Estos son los documentos requeridos para el procesamiento de una solicitud de residencia permanente basada en el empleo:

● **Oferta de Trabajo Permanente**. Una oferta de trabajo permanente válida en Estados Unidos es esencial. Esta oferta debe detallar claramente la posición ofrecida, el salario, los beneficios y cualquier otro término relevante del empleo. Debe estar firmada y fechada por el empleador y el solicitante.

● **Certificación Laboral (PERM)**. Para la mayoría de las categorías de *Green Card* basadas en empleo, el empleador debe obtener una Certificación Laboral del Departamento de Trabajo de Estados Unidos (DOL) a través del proceso PERM. Este proceso implica demostrar que no hay trabajadores estadounidenses calificados disponibles para el puesto ofrecido. La documentación relacionada con el proceso PERM puede incluir:

○ **Publicidad** del puesto en fuentes designadas por el DOL.

○ **Documentación** de reclutamiento.

○ **Presentación** del Formulario **9089**, Solicitud de Certificación de Empleo Permanente, y la revisión por parte del DOL, lo que puede ser un proceso largo y complejo.

○ **Pruebas** de los esfuerzos del empleador para reclutar trabajadores estadounidenses.

● **Formulario I-140, "Petición para trabajador extranjero"**. Presentado por el empleador ante el Servicio de Ciudadanía e Inmigración de Estados Unidos (USCIS) para demostrar que el solicitante cumple con los requisitos del trabajo y que el empleador tiene la capacidad económica para pagar el salario ofrecido. La documentación adicional requerida puede incluir:

○ Evidencia de la **experiencia y calificaciones** del solicitante.

○ Evidencia de la **situación financiera** del empleador.

○ Pruebas de la **necesidad genuina** del puesto ofrecido.

● **Documentos personales**. Pueden incluir:

○ Identificación válida del solicitante, como **pasaporte** u otro documento de identificación oficial.

○ **Certificados** de nacimiento, matrimonio (si corresponde), y cualquier otro documento personal relevante.

● **Prueba de educación y experiencia laboral**. Pueden incluir:

○ Copias de **diplomas**, certificados académicos, transcripciones universitarias, y otros documentos que respalden la educación del solicitante.

○ **Cartas de referencia**, contratos laborales anteriores, constancias de empleo, y cualquier otro documento que demuestre la experiencia laboral del solicitante.

● **Documentos financieros del empleador.** Estados financieros de la empresa empleadora que demuestren su capacidad económica para pagar el salario ofrecido al solicitante.

● **Certificados de idoneidad o licencias profesionales (si es aplicable)**. Certificaciones, licencias profesionales, y cualquier otra documentación requerida en el campo laboral específico del solicitante.

● **Traducciones oficiales**. Si los documentos presentados están en un idioma distinto al inglés, se deben proporcionar traducciones oficiales certificadas de los mismos.

● **Otros documentos adicionales** (si es aplicable). Dependiendo de la categoría de empleo y las circunstancias individuales, pueden requerirse documentos adicionales específicos. Esto puede incluir publicaciones académicas, premios profesionales, certificados de formación, y cualquier otra evidencia relevante que respalde la solicitud de *Green Card* del solicitante.

Capítulo 14
EL PROGRAMA DE VISAS DE DIVERSIDAD (LA LOTERÍA DE VISAS)

En la búsqueda de un futuro próspero y estable, muchas personas vuelven sus ojos hacia Estados Unidos, una tierra llena de oportunidades. Entre los caminos que conducen a este sueño está el Programa de Visas de Diversidad, conocido popularmente como la Lotería de Visas. Este programa representa una puerta de esperanza para aquellos ciudadanos de países con bajas tasas de inmigración a Estados Unidos y es ofrecido por el Departamento de Estado estadounidense (DOS, por sus siglas en inglés).

Cada año, 50.000 *Green Cards* se ponen a disposición a través de un proceso de selección aleatorio que invita a la diversidad y ofrece un camino hacia la residencia permanente en Estados Unidos. Si está considerando aplicar a este programa, es esencial comprender los requisitos, procedimientos y plazos para maximizar sus posibilidades de éxito. En las siguientes páginas obtendrá la información detallada sobre cómo navegar este proceso, desde la elegibilidad hasta la aplicación, que le ayudará a concretar sus aspiraciones de vida en Estados Unidos.

La **mayoría de los ganadores residen fuera de Estados Unidos** e inmigran a través del proceso consular con la emisión de una visa de inmigrante. Visite la web del Departamento de Estado (travel.state.gov/content/travel.html) para estar actualizado acerca de la información sobre el programa y los ganadores.

De todos modos, cada año, también hay una cantidad reducida de ganadores de la lotería quienes, en el momento de "ganarla", **ya residen en Estados Unidos** como no inmigrantes o tienen otro estatus legal. Para aquellos ganadores que residen en Estados Unidos, el USCIS procesa las solicitudes mediante el **ajuste de estatus**.

Cómo funciona el Programa de Visas de Diversidad

El Programa de Visas de Inmigrante de Diversidad, comúnmente conocido como Programa de Visas de Diversidad (DV) o
Lotería de *Green Cards*, es una iniciativa distintiva diseñada para
promover la diversidad dentro de la población inmigrante de
los Estados Unidos. Este programa, establecido bajo la Sección
203(c) de la Ley de Inmigración y Nacionalidad (INA), proporciona
una vía para que personas de países con **tasas históricamente
bajas de inmigración** a los Estados Unidos obtengan la residencia permanente legal o *Green Cards*.

El objetivo principal del Programa de Visas de Diversidad es
mejorar la diversidad de inmigrantes que ingresan a los Estados Unidos. Al asignar una cierta cantidad de visas de inmigrante cada año a personas de países con niveles tradicionalmente
bajos de inmigración a los Estados Unidos, el programa busca
fomentar una población de inmigrantes más inclusiva y variada.

Bajo el Programa de Visas de Diversidad, se asigna anualmente una cantidad específica de visas de inmigrante a los solicitantes elegibles. Esta asignación la determina el **Departamento
de Estado de Estados Unidos (DOS)** y varía de año en año. La
cantidad de visas disponibles está sujeta a cambios según factores como los niveles generales de inmigración y las políticas
gubernamentales.

Requisitos de elegibilidad

Para participar en el Programa de Visas de Diversidad, las
personas deben cumplir con ciertos **requisitos de elegibilidad**. Por lo general, estos incluyen ser oriundo de un país
calificado (el DOS publica una lista de países elegibles cada
año). Además, deben cumplir con los requisitos de **educación
o experiencia laboral** para calificar: deben tener una educación secundaria o su equivalente, definida como la finalización
de un curso de 12 años de educación formal primaria y secun-

daria, o dos años de experiencia laboral que requiera capacitación o experiencia significativa, basándose en la clasificación del Departamento de Trabajo de Estados Unidos.

Proceso de solicitud

El DOS proporciona un **período de registro anual** durante el cual los aspirantes deben enviar sus inscripciones electrónicamente. Suele ocurrir una vez al año, generalmente en el **otoño**, a través del Sistema Electrónico de Entrada de Visas de Diversidad (Lotería DV).

Este proceso **no tiene costo** y permite **una sola entrada** por período de inscripción. Los solicitantes deben proporcionar cierta información biográfica, incluido su nombre, fecha y país de nacimiento y una fotografía reciente.

Selección de beneficiarios

La **selección de los beneficiarios** de la Visa de Diversidad se realiza mediante un sistema de **lotería aleatoria**. Durante el período de registro designado, las personas envían sus entradas electrónicamente, y luego el DOS selecciona aleatoriamente un número predeterminado de solicitantes entre todos los participantes calificados.

Los solicitantes seleccionados son notificados de su selección a través de la **verificación del estado** del participante en el sitio web de la Lotería DV.

Siguientes pasos para los seleccionados

Los beneficiarios seleccionados deben someterse a un procesamiento adicional, que incluye la presentación de **evidencia documental** para respaldar la elegibilidad, así como **exámenes** médicos y **entrevistas** consulares. Lo anteriormente mencionado puede incluir certificados educativos, documentos de experiencia laboral y otra documentación de respaldo según lo requiera el DOS.

Aunque la selección para el programa no asegura la concesión de una visa de inmigrante, el éxito en el cumplimiento de todos los requisitos puede resultar en la obtención de la residencia permanente legal en Estados Unidos.

Si los solicitantes completan con éxito los pasos necesarios y cumplen con todos los requisitos de elegibilidad, se les emiten visas de inmigrante, lo que les otorga residencia permanente legal en los Estados Unidos. Al ingresar a los Estados Unidos, reciben sus *Green Cards* y se convierten en residentes permanentes, lo que les permite **vivir** y **trabajar** en el país **indefinidamente**.

Actúe con celeridad

La selección en la lotería de visas no garantiza la obtención de una *Green Card*. Los solicitantes deben completar con celeridad todos los pasos y cumplir con los requisitos.

Hay que actuar sin demora porque la emisión de *Green Cards* está limitada a 50.000 visas, aunque se seleccionen más solicitantes. Dicho de otro modo, el gobierno selecciona más de 50.000 personas, pero solo emite 50.000 *Green Cards*, por lo que debe actuar rápido –ser uno de los primeros en avanzar en el proceso para quedar entre los 50.000 seleccionados finales– para evitar quedarse fuera. Por eso se recomienda actuar con diligencia en el proceso en caso de haber resultado ganador de la lotería.

❗ Importante

¡Cuidado con las estafas de Lotería de Visas DV!

Cada año aparecen estafadores que se hacen pasar por el gobierno de Estados Unidos para engañar a los solicitantes de la Lotería de Visas (DV), con emails y cartas falsas. No se deje engañar. **El gobierno nunca comunica personalmente su selección a los ganadores**. La única fuente confiable es el sitio oficial y los correos terminados en ".gov". Si duda, comuníquese con las autoridades inmediatamente. ¡No se arriesgue! Y recuerde: las tarifas por el proceso de solicitud de DV se pagan en la caja de la embajada o el consulado de los Estados Unidos al momento de su cita programada. **El gobierno de los Estados Unidos nunca le pedirá que envíe el pago por adelantado mediante cheque, giro postal o transferencia bancaria.**

Capítulo 15
REFUGIADOS Y ASILO

Las personas que han enfrentado **persecución** o que tienen un temor fundamentado de ser perseguidas pueden ser elegibles para el estatus de refugiado o asilo. Las causas de esta persecución deben estar relacionadas con su raza, religión, nacionalidad, opinión política o pertenencia a un determinado grupo social.

La búsqueda de una vida segura y estable es un derecho humano fundamental. Para aquellos que han tenido que huir de la persecución y los conflictos, Estados Unidos ofrece una luz de esperanza a través de su política de **asilo y refugio**.

El estatus de refugiado o asilado no solo **brinda protección**, sino que también abre un camino **hacia una residencia permanente**, una *Green Card*. Este documento es la llave que desbloquea una nueva oportunidad de vivir, trabajar y prosperar en Estados Unidos con los mismos derechos y libertades que gozan los ciudadanos, excepto el derecho a votar en las elecciones federales y algunos cargos públicos restringidos.

En las próximas páginas encontrará una fuente informativa fiable y clara dirigida a aquellos que buscan la residencia permanente como refugiados o asilados. Podrá leer cada paso del proceso, desde la solicitud inicial hasta el preciado momento en que se tiene la *Green Card* en mano, es decir, el comienzo de un nuevo capítulo en tierras estadounidenses.

! Importante

El proceso para solicitar asilo o refugio es bastante **complicado**. Es vital presentar la solicitud de una forma clara y **bien fundamentada**, con todos los argumentos y documentos necesarios. Asimismo, es muy recomendable consultar a un abogado de inmigración para obtener orientación personalizada, especialmente si la situación involucra circunstancias complejas o si hay cambios recientes en las leyes y políticas de inmigración.

Refugiados

El estatus de refugiado es una forma de **protección** que puede otorgárseles a las personas que alcanzan la definición de refugiados y que constituyen una inquietud humanitaria especial para los Estados Unidos. Generalmente, los refugiados son personas que se hallan fuera de sus países y no pueden o no están dispuestos a volver allí porque **temen daños personales graves**.

Según las leyes de Estados Unidos, un refugiado es una persona que:

- Se encuentra fuera de su país de nacionalidad y no puede regresar debido a un temor fundado de **persecución** por motivos de raza, religión, nacionalidad, opinión política o pertenencia a un grupo social particular.

- No está firmemente reasentado en otro país y es de especial interés humanitario para los Estados Unidos.

- Es admitido por el gobierno de Estados Unidos y no está descalificado por participación en persecuciones.

El proceso para refugiados

El estatus de refugiado solo puede solicitarse **desde fuera de Estados Unidos**. Los candidatos generalmente requieren un referido al Programa de Admisiones de Refugiados de Estados Unidos (USRAP). Si se les otorga un referido, los oficiales de USCIS conducirán **entrevistas** en el extranjero para determinar la elegibilidad para el **reasentamiento**.

Inclusión familiar

En el caso de aprobación, se pueden incluir en la petición:

- Cónyuge e hijos solteros menores de 21 años.

- Parejas del mismo sexo, si están legalmente casadas, independientemente del lugar donde se celebró el matrimonio.

Por lo general, USCIS toma en consideración la ley del lugar en que se llevó a cabo el matrimonio al determinar si el matrimonio es válido para propósitos de la ley de inmigración. Debe saber que **no tiene que pagar una tarifa** para solicitar estatus de refugiado y que la **información** que proporcione no se le divulgará a su país de origen.

Beneficios y reubicación

Los refugiados aprobados reciben **asistencia médica, orientación cultural y ayuda con los viajes** a Estados Unidos, incluido un préstamo de viaje. A su llegada, son elegibles para recibir asistencia médica y monetaria temporal. Para más información sobre los beneficios, debe consultar la Oficina de Reubicación de Refugiados del Departamento de Salud y Servicios Humanos de Estados Unidos (acf.hhs.gov/orr).

Reunificación familiar

Los refugiados en Estados Unidos pueden solicitar la reunificación con sus familiares inmediatos, que incluye a **cónyuges e hijos solteros menores de 21 años**. Este proceso se conoce como "Petición de Familiar Refugiado/Asilado" y se procesa mediante el Formulario **I-730**. La solicitud debe presentarse dentro de los dos primeros años de su llegada a Estados Unidos, salvo excepciones por razones humanitarias, que pueden extender este plazo.

Es muy importante para cualquier persona que no haya sido reasentada aún o que esté en el proceso de solicitar reunificación que se contacte directamente con USCIS o la Oficina de Reubicación de Refugiados para obtener la información más actualizada y precisa sobre la reunificación familiar y otros trámites. Las leyes y políticas pueden cambiar, por lo que obtener asesoramiento de un abogado de inmigración experto es fundamental para garantizar que se sigan los procedimientos correctos.

Solicitud de la *Green Card*

Los refugiados deben solicitar la *Green Card* **un año después de su llegada** a Estados Unidos, utilizando el Formulario I-485, Solicitud de Registro de Residencia Permanente o de Ajuste de Estatus. No se requiere pago de la tarifa de solicitud, pero se aplican las tarifas de servicios biométricos.

Viajes al extranjero

Si tiene estatus de refugiado y quiere viajar fuera de Estados Unidos, necesitará obtener un **Documento de Viaje de Refugiado** para que se le permita volver a Estados Unidos. Si no obtiene un Documento de Viaje de Refugiado antes de su salida, podría ser que no se le permita volver a entrar a Estados Unidos. Si vuelve al país del que huyó, tendrá que explicar cómo pudo regresar de manera segura, lo que puede afectar su estatus de refugiado y la posibilidad de regresar a Estados Unidos.

Trabajar en Estados Unidos como refugiado

Como refugiado, se le permite trabajar legalmente en Estados Unidos al ser admitido. Al llegar a Estados Unidos, recibirá un Formulario **I-94** que indica su estatus como refugiado, lo cual le permite **trabajar legalmente** en el país. No es necesario que los refugiados soliciten una Autorización de Empleo (EAD) por separado al llegar, ya que su estatus como refugiado les permite trabajar. Sin embargo, muchos refugiados optan por solicitar el EAD para tener una identificación que muestre a los empleadores que están autorizados para trabajar.

Si un refugiado elige solicitar el EAD, debe completar el Formulario **I-765**, "Solicitud de autorización de empleo". Normalmente, el USCIS adjudica el EAD dentro de las semanas siguientes a la solicitud, pero los tiempos de procesamiento pueden variar. Mientras esperan el EAD, los refugiados pueden mostrar a los empleadores su Formulario I-94 como evidencia de que pueden trabajar legalmente en Estados Unidos.

Es importante que los refugiados estén conscientes de sus derechos y responsabilidades con respecto al empleo en Estados Unidos y que sigan todos los procesos requeridos para mantener su estatus legal en el país. Además, siempre es aconsejable que los refugiados mantengan sus **documentos y permisos de trabajo actualizados** y que consulten con profesionales de inmigración si tienen preguntas o necesitan ayuda.

Asilo en Estados Unidos

El asilo es un estatus legal que se otorga a las personas que **ya están presentes en Estados Unidos** y que reúnen los criterios para ser considerados refugiados. Esto significa que han demostrado un temor fundado de persecución en su país de origen debido a su raza, religión, nacionalidad, opiniones políticas o pertenencia a ciertos grupos sociales.

Los solicitantes de asilo deben presentar su caso dentro del **primer año de su llegada** a Estados Unidos, a menos que haya circunstancias excepcionales que justifiquen una extensión de este plazo. La solicitud se realiza mediante el Formulario **I-589**, "Solicitud de asilo y de suspensión de remoción". El asilo no puede ser solicitado por personas que no están físicamente en Estados Unidos o en un puerto de entrada.

El estatus de asilo está, por lo tanto, específicamente diseñado para **proteger** a las personas que ya están en Estados Unidos o en la frontera, cumplen con la definición de refugiado según la ley de Estados Unidos y temen ser perseguidas en su país de origen. Los ciudadanos estadounidenses, por definición, no requieren asilo. El asilo es una forma de protección que se ofrece a personas que **no son ciudadanos estadounidenses** y que están buscando protección porque han sufrido o temen sufrir persecución en otro país.

El Formulario I-589 puede presentarse en línea en ciertas circunstancias para los solicitantes de asilo afirmativo. Sin embargo, aquellos en procedimientos de deportación o menores no acompañados sujetos a remoción deben seguir los canales tradicionales, que generalmente implican la presentación de la solicitud en papel.

No se cobra ninguna tarifa por la solicitud de asilo, y los solicitantes **pueden incluir a sus cónyuges e hijos solteros menores de 21 años** como dependientes en su solicitud. Además, si su caso de asilo ha estado pendiente durante más de 150 días, pueden solicitar una autorización de empleo mediante el Formulario **I-765**, "Solicitud de autorización de empleo".

Si se concede el asilo, el beneficiario tiene el derecho de solicitar la reunificación familiar a través del Formulario **I-730**, "Petición de familiar refugiado/asilado", para su cónyuge e hijos que califiquen, y deben hacerlo dentro de los dos años posteriores a la concesión del asilo.

Un año después de la concesión del asilo, los beneficiarios tienen derecho a solicitar la residencia permanente (*Green Card*) utilizando el Formulario **I-485**, "Solicitud de registro de residencia permanente o ajuste de estatus". Este paso es necesario para cada asilado y sus dependientes derivativos.

Capítulo 16
MIEMBROS DE LAS FUERZAS ARMADAS DE LOS ESTADOS UNIDOS

La búsqueda de la residencia permanente en los Estados Unidos, la ansiada *Green Card*, es un camino que muchos aspiran a seguir. Para los miembros militares y las Fuerzas Armadas de Estados Unidos, este proceso no solo **reconoce sus valientes servicios** al país, sino que también ofrece vías especiales que facilitan su transición hacia la ciudadanía permanente.

Reconociendo estos sacrificios, el gobierno de los Estados Unidos ha establecido **vías aceleradas y procedimientos simplificados** para que los miembros del servicio obtengan la residencia permanente. Estas políticas especiales reflejan la gratitud de la nación hacia aquellos que han elegido servir.

Las próximas páginas ofrecen información para aquellos valientes hombres y mujeres que han dedicado una parte significativa de sus vidas al servicio militar, proporcionándoles la información necesaria para navegar el proceso de obtención de la *Green Card*. No solo se dirige a aquellos que actualmente sirven en **activo** o en la reserva, sino también a los **veteranos** que han sido dados de baja bajo condiciones **honorables**.

El servicio militar presenta desafíos y circunstancias únicas que pueden influir en el proceso de inmigración, y esta guía busca abordar estos aspectos de manera clara y concisa, con orientación paso a paso, desde la elegibilidad y el proceso de aplicación hasta la adaptación a la vida como residente permanente, y eventualmente, el camino hacia la ciudadanía estadounidense.

Elegibilidad

Para los militares y miembros de las Fuerzas Armadas de Estados Unidos que buscan obtener una *Green Card*, entender los criterios de elegibilidad es el primer paso.

A continuación, se desglosa información sobre quién puede aplicar y en qué condiciones.

Servicio Activo vs. Reserva

Servicio Activo	Reserva
Los miembros del servicio en activo tienen ciertas ventajas al aplicar para la *Green Card*, incluyendo procedimientos acelerados y exenciones de tarifas. La elegibilidad se extiende a aquellos que han servido en el Ejército, la Marina, la Fuerza Aérea, el Cuerpo de Marines, la Guardia Costera, y sus componentes respectivos de la Guardia Nacional cuando son activados para servicio federal.	Los reservistas también pueden ser elegibles para beneficios similares, especialmente si han sido activados bajo ciertas órdenes. Es importante demostrar el servicio activo durante un tiempo específico, lo que puede incluir entrenamientos o despliegues.

Condición migratoria actual

La condición migratoria actual del solicitante juega un papel crucial en el proceso de solicitud.

Dentro de Estados Unidos	Fuera de Estados Unidos
Los miembros militares que se encuentran dentro de Estados Unidos pueden ajustar su estatus a residente permanente sin necesidad de salir del país, siempre que cumplan con los requisitos específicos de elegibilidad.	Para aquellos que están fuera de Estados Unidos, existen procedimientos para solicitar la *Green Card* a través de consulados estadounidenses. Esto incluye a miembros del servicio estacionados en bases militares extranjeras.

Categorías extraordinarias

Existen varias categorías bajo las cuales los militares y sus familiares pueden calificar para la *Green Card*.

- **Parole in Place (PIP)**. Una disposición que permite a ciertos familiares indocumentados de militares solicitar un *parole* (permiso temporal) que les facilita ajustar su estatus dentro de Estados Unidos.

- **Viudos/as de militares**. Los cónyuges de militares fallecidos pueden solicitar la *Green Card* a través de una categoría especial, siempre que el matrimonio fuera genuino y no por conveniencia.

- **Intérpretes y otros empleados extranjeros**. Personas que han servido junto a las Fuerzas Armadas estadounidenses como intérpretes, traductores, o en roles críticos, pueden ser elegibles para programas especiales de inmigración.

Proceso de aplicación

El procedimiento paso a paso, incluyendo los formularios necesarios y la documentación específica requerida para garantizar una solicitud exitosa, son los siguientes:

Preparación para la aplicación

○ **Evaluación de elegibilidad**. Antes de iniciar el proceso, es crucial determinar si cumple con los criterios de elegibilidad específicos para militares y sus familiares. Esta evaluación inicial puede requerir la consulta de un asesor legal especializado en inmigración.

○ **Recolección de documentos**. Dependiendo de su situación específica, necesitará reunir documentos como prueba de su servicio militar (Formulario DD-214, Certificado de Separación o Licenciamiento del Servicio Activo), evidencia de su relación con un miembro del servicio (si aplica), y cualquier otro documento que respalde su caso.

Formularios requeridos

Tipo de formulario	Detalle
Formulario **I-485** (Solicitud de Registro de Residencia Permanente o Ajuste de Estatus).	Este es el formulario principal para aquellos que ajustan su estatus dentro de los Estados Unidos.
Formulario **DS-260** (Solicitud de Visa de Inmigrante y Registro de Extranjero).	Para miembros del servicio que aplican desde fuera de los Estados Unidos. Este formulario se completa en línea a través del Centro Nacional de Visas (NVC).
Formulario **I-130** (Petición para Familiar Extranjero).	Si un miembro del servicio está aplicando para la Green Card para un familiar, este formulario es necesario para establecer la relación familiar.
Formulario **I-360** (Petición para Amerasiático, Viudo/a, o Inmigrante Especial).	Algunas categorías especiales de militares y sus familiares pueden necesitar presentar este formulario.
Formulario **N-426** (Solicitud de Certificación de Servicio Militar o Naval).	Este formulario se requiere para verificar el servicio militar de aquellos que aplican bajo las provisiones de naturalización acelerada.

Pasos para la aplicación

1 **Presentación de la petición familiar** (si aplica). Si un miembro de la familia directa está aplicando, el primer paso es presentar el Formulario I-130.

2 **Ajuste de Estatus o Procesamiento Consular**. Según se encuentre dentro o fuera de los Estados Unidos, procederá con el ajuste de estatus (I-485) o el procesamiento consular (DS-260), respectivamente.

3 **Pago de tarifas**. Asegúrese de pagar las tarifas aplicables, a menos que califique para una exención de tarifas. Las tarifas varían según el proceso y la categoría de aplicación.

4 **Examen médico**. Todos los solicitantes deben someterse a un examen médico realizado por un médico aprobado por el USCIS (dentro de Estados Unidos) o por el Departamento de Estado (fuera de Estados Unidos).

5 **Entrevista**. La mayoría de los solicitantes tendrán que asistir a una entrevista con un oficial del USCIS o en el consulado/embajada de Estados Unidos Se le notificará la fecha, hora y lugar de su entrevista.

6 **Espera de la decisión**. Después de la entrevista, su caso será revisado y se tomará una decisión. El tiempo de procesamiento puede variar ampliamente según distintos factores.

Para tener en cuenta

○ **Situaciones de urgencia**. Para militares en situaciones de emergencia o con necesidades especiales, el USCIS puede ofrecer procesamiento acelerado.

○ **Cambio de estación o despliegue**. Informe a USCIS si tiene un cambio de estación o está desplegado, ya que esto puede afectar su proceso de solicitud.

○ **Asistencia legal**. Considere buscar asesoramiento legal especializado para navegar este proceso, especialmente si su caso presenta complicaciones.

Consideraciones especiales para miembros de las Fuerzas Armadas

Para los militares y miembros de las Fuerzas Armadas de Estados Unidos que buscan obtener la *Green Card*, existen varias consideraciones especiales que pueden impactar el proceso de solicitud.

Servicio en el extranjero

El servicio militar en el extranjero trae consigo desafíos y oportunidades únicas en el proceso de inmigración.

○ **Procesamiento Consular acelerado**. Los miembros del servicio estacionados fuera de los Estados Unidos pueden ser elegibles para un procesamiento consular acelerado de sus solicitudes de *Green Card*. Es importante comunicar su estatus de servicio activo al momento de aplicar.

○ **Ceremonias de naturalización en el extranjero**. Para aquellos en el proceso de naturalización, el USCIS ofrece ceremonias de naturalización en ciertas embajadas y bases militares en el extranjero, lo que permite a los militares convertirse en ciudadanos estadounidenses sin tener que regresar a Estados Unidos.

Despido Honorable

El tipo de baja recibida al finalizar el servicio militar juega un papel crucial en la elegibilidad para beneficios de inmigración.

○ **Importancia del Despido Honorable**. Para calificar para la mayoría de las vías de inmigración basadas en el servicio militar, es necesario haber sido dado de baja en condiciones honorables. Un despido deshonroso puede resultar en la inelegibilidad para estos beneficios.

○ **Verificación de Servicio Militar**. Se requiere documentación, como el Formulario DD-214, que certifique el tipo de baja para procesar la solicitud de la *Green Card* o de naturalización.

Sobre la seguridad nacional

La seguridad nacional es una preocupación primordial, y los militares pueden enfrentar escrutinio adicional durante el proceso de solicitud.

○ **Verificaciones de antecedentes adicionales**. Los solicitantes militares pueden estar sujetos a verificaciones de antecedentes más rigurosas, dada la naturaleza sensible de su servicio.

○ **Impacto del Servicio de Inteligencia**. El trabajo en ciertas áreas de inteligencia o en operaciones clasificadas puede afectar la disponibilidad de información que se puede divulgar en una solicitud de *Green Card*, lo que requiere una coordinación cuidadosa con asesores legales y oficiales de seguridad.

❗ Importante

Acceso a recursos y asistencia

Identificar y acceder a los recursos adecuados es fundamental para navegar el proceso de inmigración.

○ **Asistencia de JAG**. Los abogados de la Oficina del Abogado General de la Justicia (JAG) en bases militares pueden proporcionar orientación legal sobre cuestiones de inmigración y otros asuntos legales relacionados con el servicio militar.

○ **USCIS *Military Help Line***. USCIS tiene una línea de ayuda dedicada a miembros del servicio y sus familias para preguntas sobre inmigración, que ofrece asistencia especializada y orientación sobre el proceso de solicitud.

Miembros de las Fuerzas Armadas de Estados Unidos que califican para aplicar a la ciudadanía sin una *Green Card*

En el contexto de los miembros militares que buscan aplicar a la ciudadanía de los Estados Unidos sin necesidad de poseer una *Green Card* (tarjeta de residente permanente), hay políticas específicas que les permiten avanzar en este proceso basándose en su servicio. Estas políticas reconocen los sacrificios y contribuciones de los miembros del servicio, permitiéndoles un **camino acelerado hacia la ciudadanía**. Este proceso es parte de las excepciones y adaptaciones que el gobierno de los Estados Unidos ha establecido para aquellos que sirven en las Fuerzas Armadas.

Para obtener más detalles y asistencia específica, se recomienda consultar con un oficial de asuntos militares del USCIS o un abogado especializado en derecho de inmigración y militar.

Elegibilidad para la ciudadanía

Los miembros del servicio en activo, reservistas seleccionados o aquellos que han sido dados de baja en condiciones honorables, pueden ser elegibles para aplicar a la ciudadanía estadounidense bajo secciones específicas del Acta de Inmigración y Nacionalidad (INA, por sus siglas en inglés). Aquí se detallan los requisitos y procedimientos.

- **Servicio durante periodos de hostilidades**. Bajo la sección 329 de la INA, cualquier miembro del servicio que haya servido durante periodos específicos de hostilidades puede solicitar la ciudadanía sin la necesidad de haber sido residente permanente primero. Estos periodos incluyen, pero no están limitados, a la Segunda Guerra Mundial, la Guerra de Corea, la Guerra de Vietnam, la Operación Tormenta del Desierto y la Guerra contra el Terrorismo, entre otros.

- **Servicio en tiempos de paz**. Bajo la sección 328 de la INA, los miembros del servicio que han completado al menos un año de servicio en tiempos de paz pueden aplicar para la ciudadanía. Sin embargo, deben ser residentes permanentes al momento de la naturalización, aunque hay excepciones que permiten la solicitud sin la *Green Card* si el individuo aún está sirviendo o ha sido dado de baja honorablemente.

Proceso de Aplicación

1. **Presentación del Formulario N-400**. La solicitud para la naturalización se realiza a través del Formulario N-400, Solicitud de

Naturalización. Los miembros del servicio pueden presentar este formulario mientras estén en servicio o después de ser dados de baja, siempre que sea bajo condiciones honorables.

❷ **Certificación del Servicio Militar**. Se debe completar el Formulario N-426, Certificación de Servicio Militar o Naval, para confirmar el servicio activo y condiciones de la baja.

❸ **Entrevista y examen de ciudadanía**. Aunque algunos pasos del proceso pueden ser acelerados para miembros militares, generalmente aún se requiere completar la entrevista y pasar el examen de ciudadanía.

❹ **Ceremonia de naturalización**. Si se aprueba la solicitud, se programará una ceremonia de juramento, donde el solicitante tomará el Juramento de Lealtad a los Estados Unidos para completar el proceso de naturalización.

Beneficios adicionales

○ **Exención de tarifas**. Los miembros militares y sus familias pueden estar exentos de ciertas tarifas de naturalización.

○ **Procesamiento acelerado**. Las solicitudes de naturalización de miembros militares a menudo reciben un procesamiento acelerado.

○ **Posibilidad de Ceremonias de naturalización en el extranjero**. Para miembros del servicio estacionados fuera de los Estados Unidos, existe la posibilidad de realizar la ceremonia de naturalización en determinadas embajadas o bases militares en el extranjero.

! Importante

> **Revisión de antecedentes**. Todos los solicitantes deben someterse a una revisión de antecedentes como parte del proceso de naturalización.
>
> **Despido No Honorable**. Un despido no honorable del servicio militar puede afectar adversamente la elegibilidad para la naturalización.

Capítulo 17
LA CANCELACIÓN DE REMOCIÓN

La cancelación de remoción ofrece una oportunidad vital para aquellos que enfrentan la **deportación**, pero que han establecido una vida significativa en los Estados Unidos, ya que les permite permanecer en el país y continuar apoyando a sus familias.

Se trata de una **protección migratoria** disponible en los Estados Unidos que permite a ciertos extranjeros no permanentes evitar la deportación y obtener la residencia permanente legal (*Green Card*) bajo circunstancias específicas. Esta protección se concede durante un procedimiento de remoción ante un juez de inmigración y está diseñado para individuos que han demostrado fuertes lazos con los Estados Unidos y cuya deportación causaría dificultades extremas a ciudadanos estadounidenses o residentes legales permanentes que son familiares cercanos.

Dada la complejidad del proceso y las severas consecuencias de una solicitud denegada, **es crucial obtener asesoramiento legal** competente. Un abogado especializado en inmigración puede proporcionar orientación valiosa, ayudar con la preparación de la solicitud, y representarle en la corte.

Criterios de elegibilidad

Para ser elegible para la cancelación de remoción, el solicitante debe cumplir con todos los criterios que siguen.

○ **Presencia física**. Debe haber estado físicamente presente en los Estados Unidos de manera continua durante al menos **diez años antes de la fecha de la aplicación**. Esta presencia continua se interrumpe si el individuo sale del país por períodos prolongados o comete ciertos tipos de infracciones legales.

○ **Buen carácter moral**. Debe **demostrar** buen carácter moral durante el período de diez años antes de solicitar la cancelación de remoción. El término "buen carácter moral" se define por exclusión, es decir que ciertos comportamientos, como haber cometido ciertos crímenes, pueden demostrar la falta de buen carácter moral.

○ **Dificultad extrema**. Debe **probar que la deportación causaría dificultad extrema** a su cónyuge, padre o hijo que sea ciudadano estadounidense o residente permanente legal. La "dificultad extrema" va más allá de la dificultad ordinaria que un familiar experimentaría si el individuo fuera deportado, por ejemplo, consideraciones financieras, educativas, médicas, entre otras.

○ **No inadmisibilidad o deportabilidad por motivos específicos**. No debe ser inadmisible por razones de seguridad nacional o deportable por ciertos motivos graves, incluidos, pero no limitados, a la mayoría de los tipos de **condenas penales**.

Proceso

1 **Inicio del proceso de remoción**. El proceso comienza cuando el Departamento de Seguridad Nacional (DHS) emite un Aviso de Comparecencia (NTA) ante un juez de inmigración, e inicia así el procedimiento de remoción.

2 **Solicitud de cancelación de remoción**. El individuo debe presentar el Formulario EOIR-42B ante la corte de inmigración, solicitando la cancelación de remoción.

3 **Audiencia en Corte**. El solicitante tendrá la oportunidad de presentar su caso ante un juez de inmigración, incluyendo testimonios y evidencia que respalden su elegibilidad para la cancelación de remoción.

4 **Decisión del Juez**. Basándose en la evidencia presentada, el juez decidirá si el individuo califica para la cancelación de remoción. Si se aprueba, el solicitante puede ajustar su estatus a residente permanente legal.

Importante

Límite anual

Es importante tener en cuenta que hay un límite anual de 4.000 concesiones de cancelación de remoción para no residentes, lo que puede resultar en largos tiempos de espera para que los casos se decidan.

¡No se deje engañar!

Tenga mucho cuidado con los estafadores que difunden el mito de que vivir en Estados Unidos durante diez años automáticamente lo califica para la residencia permanente. Esto es incorrecto, **los diez años de presencia continua en Estados Unidos pueden ofrecer la posibilidad (y no la certeza) de protección en la deportación**, pero esta protección es discrecional y depende del criterio del juez de inmigración.

Por eso, solicitar la cancelación de deportación puede ser riesgoso si se realiza únicamente para iniciar el proceso. Antes de decidir entregarse al DHS, es recomendable analizar su situación con un abogado de inmigración especializado en cancelación de deportación.

Capítulo 18
VIVIR EN ESTADOS UNIDOS CON UNA *GREEN CARD*

Vivir en los Estados Unidos con una *Green Card* es el comienzo de un nuevo capítulo, lleno de oportunidades y también de responsabilidades importantes. Mantener su **estatus** y avanzar hacia sus metas requiere de un entendimiento claro de sus **derechos** y **responsabilidades**. Este conocimiento será su mejor herramienta para forjar una vida exitosa y enriquecedora en Estados Unidos. En este capítulo, exploraremos los aspectos esenciales de la vida con estatus de residente permanente.

Derechos y responsabilidades

Como titular de una *Green Card*, usted goza de varios derechos fundamentales, así como de responsabilidades que son esenciales para mantener su estatus.

Derechos	Responsabilidades
Empleo. Tiene derecho a trabajar en cualquier empresa (excluyendo la mayoría de los empleos del gobierno, que pueden requerir ciudadanía).	**Impuestos**. Debe pagar impuestos federales, estatales y locales.
Educación. Puede asistir a escuelas públicas y universidades, y es elegible para recibir becas estatales.	**Cumplir con la Ley**. Debe obedecer todas las leyes de Estados Unidos, los estados y las localidades.
Residencia Permanente. Puede vivir de manera permanente en Estados Unidos.	**Soporte al Gobierno**. No debe atentar contra el gobierno de Estados Unidos ni participar en actividades subversivas.
Protección legal. Acceso a todas las protecciones legales bajo las leyes de Estados Unidos, su estado y su localidad.	**Registro Selectivo**. Los hombres entre 18 y 26 años deben inscribirse en el Sistema de Servicio Selectivo.
Patrocinio de familiares. Puede patrocinar a ciertos familiares para que obtengan su propia *Green Card*.	

Renovación o reemplazo de su *Green Card*

Su *Green Card* es válida por **diez años si es un residente permanente** y por **dos años si es un residente condicional**. Es crucial mantenerla actualizada.

◐ Debe solicitar la renovación de su *Green Card* seis meses antes de que expire utilizando el Formulario I-90.

◐ Si su *Green Card* se pierde, es robada, o está dañada, también debe solicitar un reemplazo igualmente con el Formulario I-90.

Viajes al extranjero

Como residente permanente, puede viajar fuera de Estados Unidos y regresar. Sin embargo, hay reglas a seguir para no poner en riesgo su estatus.

◐ Para viajes cortos, generalmente, puede viajar y volver sin problemas si su viaje es **menor de seis meses**.

◐ Ausencias de **más de seis meses**, **pero menos de un año**, pueden ser cuestionadas. Debe demostrar que no abandonó su residencia en Estados Unidos

◐ Para ausencias de **más de un año**, necesitará un Permiso de Reingreso (Formulario I-131).

El camino hacia la ciudadanía estadounidense

La *Green Card* es también su primer paso en el camino hacia la ciudadanía estadounidense, si ese es su objetivo.

◐ **Después de cinco años** de ser un residente permanente (o tres años si está casado/a con un ciudadano/a de Estados Unidos), puede ser elegible para naturalizarse.

◐ El Formulario **N-400** es el formulario que se utiliza para solicitar la ciudadanía.

◐ Deberá **demostrar** su conocimiento del idioma inglés y su comprensión de la historia y el gobierno de Estados Unidos.

Capítulo 19
LAS ESTAFAS Y LA DESINFORMACIÓN

Al iniciar el proceso de solicitud de una *Green Card* en Estados Unidos, es fundamental estar alerta y bien informado. Desafortunadamente, en este trayecto los solicitantes pueden encontrarse con individuos o entidades que buscan aprovecharse de la falta de conocimiento o la ansiedad inherente al proceso migratorio. Las estafas y la desinformación no solo representan un riesgo financiero, sino que también pueden comprometer la integridad de su solicitud y el futuro en este país.

La preparación es su mejor defensa. Reconocer las señales de advertencia y entender las tácticas comunes que emplean los estafadores puede ayudarlo a prevenir trampas costosas y desalentadoras.

Las 10 estafas más comunes

A continuación, se presentan algunas de las estafas más comunes en el proceso de obtener una *Green Card*.

❶ **Notarios y consultores de inmigración.** Individuos que se hacen pasar por abogados o que tienen títulos como "notarios" (que pueden confundirse con "notarios públicos" en países hispanohablantes, que tienen amplias facultades legales) y ofrecen asesoramiento legal **sin estar calificados ni tener licencia para hacerlo**.

❷ **Promesas de tramitación acelerada**. Estafadores que afirman tener la capacidad de acelerar el proceso de la *Green Card* a cambio de **pagos adicionales**. El USCIS tiene procesos establecidos y no hay atajos oficiales.

❸ **Sitios web falsos**. Páginas que imitan sitios oficiales del gobierno, donde se solicita **información personal o se cobran tarifas** por formularios y servicios que son gratuitos o tienen costos distintos en los canales oficiales.

❹ Llamadas telefónicas fraudulentas. Llamadas de impostores que pretenden ser del USCIS o de otras agencias gubernamentales, solicitando información personal o pagos bajo la **amenaza** de acciones legales o de deportación.

❺ Ofertas de empleo falsas. Ofertas de trabajo fraudulentas utilizadas para atraer a solicitantes con la promesa de patrocinio para una *Green Card* a cambio de **tarifas** de procesamiento o de colocación.

❻ Servicios de Lotería de Visas. Servicios que **cobran por asistencia** en la inscripción a la Lotería de Visas de Diversidad (también conocida como *Green Card Lottery*), cuando este proceso es gratuito y puede completarse sin asistencia.

❼ Contratos y tarifas ocultas. Prácticas en las que se pide a los solicitantes que firmen contratos que incluyen tarifas ocultas o cláusulas que **comprometen los derechos** del solicitante sin su pleno conocimiento.

❽ Falsas promesas de resultados garantizados. Personas que garantizan **resultados positivos** en el proceso de solicitud de la *Green Card*, algo que ningún abogado legítimo puede hacer.

❾ Abogados de "Fábricas de Visas". Bufetes de abogados que manejan un **volumen muy alto de casos** sin proporcionar la atención adecuada o personalizada, a menudo descuidando los detalles importantes de cada caso.

❿ Solicitudes de información personal por email. Correos electrónicos que parecen ser del USCIS pidiendo información personal o de pago. El USCIS **nunca solicitará información confidencial por correo electrónico**.

Cómo protegerse del fraude

Para evitar ser víctima de estafas, es importante ejercer la diligencia debida y proceder con cautela.

○ **Verifique** siempre la **credibilidad** y las **calificaciones** de cualquier persona que ofrezca asesoramiento legal.

○ **Use** únicamente el **sitio web oficial del USCIS (uscis.gov)** para información y formularios.

○ **No comparta** información personal o realice pagos a personas o entidades sin verificar su autenticidad.

○ **Sea escéptico** ante cualquier oferta que parezca demasiado buena para ser verdad.

○ **Reporte** actividades sospechosas a las autoridades competentes, como la FTC (Comisión Federal de Comercio) o USCIS.

Capítulo 20
CÓMO BUSCAR Y ELEGIR UN ABOGADO DE INMIGRACIÓN

Siempre es recomendable apoyarse en un abogado que le ayude en el proceso de solicitar la residencia permanente legal. Pero, en particular, hay varias circunstancias y situaciones en las que se recomienda buscar la asistencia de un **abogado especializado**.

Esta guía le ofrece una serie de recomendaciones y consejos para seleccionar un abogado de inmigración.

Por qué se recomienda consultar a un abogado de inmigración

Un abogado no solo puede ofrecer asesoramiento legal y representación, sino que también puede **aliviar la carga del proceso**, asegurando que todos los documentos y argumentos estén presentados de la manera más favorable posible. Por ejemplo, en estas situaciones:

○ **Complejidad del caso**. Si el caso no es directo, por ejemplo, si ha tenido problemas legales previos, violaciones de visa, o entradas y salidas complejas de Estados Unidos.

○ **Antecedentes penales**. Cualquier antecedente penal puede complicar la solicitud. Un abogado puede asesorar sobre las implicaciones y la mejor manera de abordarlas.

○ **Deportaciones anteriores o violaciones de inmigración**. Si usted ha sido deportado anteriormente o ha acumulado presencia ilegal en los Estados Unidos, debe consultar con un abogado para evaluar las posibles barreras para su residencia.

○ **Rechazos previos**. Si ha tenido solicitudes denegadas en el pasado, un abogado puede ayudar a identificar por qué y cómo mejorar la posibilidad de éxito en futuras aplicaciones.

○ **Inadmisibilidad**. Hay varias razones por las cuales alguien puede ser considerado inadmisible. Un abogado puede ayudar a determinar si existen exenciones o maneras de superar la inadmisibilidad.

○ **Procesos de remoción**. Si está actualmente en procedimientos de remoción (deportación), un abogado es esencial para defender su caso y buscar soluciones en la corte de inmigración.

○ **Casos de asilo**. Los casos de asilo son complejos y requieren una sólida comprensión de las leyes y procedimientos pertinentes para presentar un caso convincente.

○ **Solicitudes basadas en empleo**. Si busca una *Green Card* a través de un empleador, especialmente en categorías que requieren una certificación laboral, un abogado puede ser crucial para navegar el proceso.

○ **Retrasos en el proceso**. Si su caso está experimentando retrasos inusuales, un abogado puede ayudar a identificar el problema y presionar para que su caso avance.

○ **Situaciones médicas o de emergencia**. Si tiene situaciones médicas urgentes u otras circunstancias de emergencia que requieren una tramitación acelerada, un abogado puede asesorar sobre las mejores opciones.

○ **Cambios en las leyes de inmigración**. Las leyes y políticas de inmigración cambian constantemente. Un abogado eficiente está actualizado y puede proporcionar la orientación más reciente y aplicable.

○ **Ajuste de estatus dentro de Estados Unidos**. Si está ajustando su estatus dentro de los Estados Unidos, particularmente si tiene situaciones complejas como el vencimiento de una visa o el cambio de estado, un abogado puede ser beneficioso.

○ **Problemas de elegibilidad**. Si hay alguna duda sobre su elegibilidad para la *Green Card*, por ejemplo, sobre la relación de patrocinio familiar, un abogado puede aclarar y aconsejar sobre la documentación y el proceso.

○ **Incertidumbre y ansiedad**. Incluso en casos relativamente sencillos, si se siente abrumado o ansioso por el proceso, un abogado puede ofrecer tranquilidad y asegurar que todo se encuentre bajo control.

10 consejos para seleccionar un abogado de inmigración

Seleccionar un abogado de inmigración es una decisión importante que puede afectar significativamente el resultado de su caso. Es importante tomar una decisión informada basada en la investigación previa, así como en su intuición personal. El abogado correcto es aquel que no solo tiene la experiencia y las habilidades necesarias, sino también el compromiso de trabajar por sus mejores intereses durante el proceso de inmigración.

Algunas recomendaciones y consejos pueden ayudarle en este proceso:

❶ **Verifique credenciales**. Asegúrese de que el abogado esté licenciado para ejercer derecho en su estado y no tenga antecedentes de mala conducta. Puede verificar el estado de su licencia a través de la barra (asociación) de abogados del estado correspondiente.

❷ **Que tenga experiencia y especialización**. Busque abogados que se especialicen en leyes de inmigración y tengan experiencia manejando casos similares al suyo. Pregunte sobre su experiencia y los resultados que ha tenido en casos anteriores, especialmente aquellos que son similares al suyo.

❸ **Consultas iniciales**. La mayoría de los abogados de inmigración ofrecen una primera consulta gratuita. Utilice esta oportunidad para evaluar si pueden ayudarlo con su caso. Prepare preguntas específicas sobre su caso y vea cómo el abogado las aborda. Esto le dará una idea de su conocimiento y experiencia.

❹ **Recomendaciones**. Pida referencias o recomendaciones de clientes anteriores. También puede buscar reseñas y testimonios en línea. Verifique si el abogado es miembro de asociaciones profesionales como la *American Immigration Lawyers Association* (AILA), lo cual puede ser un indicativo de compromiso y actualización constante en el área.

❺ **Buena comunicación**. Es crucial que el abogado explique claramente los aspectos legales y esté dispuesto a mantenerlo informado sobre el progreso de su caso. El abogado debe ser accesible y responder a sus comunicaciones en un tiempo razonable.

❻ **Honorarios y acuerdos**. Pregunte detalladamente sobre la estructura de honorarios y asegúrese de entender qué está incluido y qué no. Obtenga un acuerdo por escrito que detalle los servicios que se proporcionarán y los honorarios correspondientes.

❼ **Intuición personal**. Es importante que se sienta cómodo con el abogado y confíe en su habilidad para manejar su caso. Si siente que algo no está bien durante su interacción inicial, considere seguir buscando hasta que encuentre un abogado con el que se sienta seguro.

❽ **Compare opciones**. No se conforme con el primer abogado que encuentre. Hable con varios y compare sus respuestas, habilidades y tarifas.

❾ **Verifique antecedentes**. Puede ser útil realizar una verificación de antecedentes del abogado en línea, buscando cualquier posible queja o problema con licencias.

⑩ Ética y honestidad. Desconfíe de los abogados que hacen promesas poco realistas o garantizan resultados. Un buen abogado será honesto sobre las posibilidades y los riesgos de su caso.

Dónde buscar un abogado de inmigración

Para encontrar un abogado de inmigración confiable que pueda asistir en el proceso de solicitud de una *Green Card*, puede recurrir a distintas fuentes de información.

Asociaciones de Abogados de Inmigración

American Immigration Lawyers Association (AILA). Visite aila.org, donde puede buscar abogados de inmigración por ubicación y área de práctica. AILA es la principal asociación de abogados de inmigración en Estados Unidos, y sus miembros están muy bien informados sobre la ley de inmigración.

Referencias personales

Pregunte a amigos, familiares o colegas que hayan pasado por procesos de inmigración similares. Una recomendación personal puede ser muy valiosa.

Organizaciones comunitarias

Comuníquese con organizaciones locales que trabajen con la comunidad inmigrante. A menudo tienen listas de abogados de inmigración recomendados.

Servicios de referencia de abogados

Bar Association Lawyer Referral Services. Verifique los servicios de referencia de la barra de abogados de su estado o localidad. Por ejemplo, la *Florida Bar* ofrece un servicio de referencia que puede ser accesible en floridabar.org.

Organizaciones sin fines de lucro y Clínicas Legales

Nonprofit Immigration Organizations. Organizaciones como *Catholic Legal Immigration Network, Inc.* (CLINIC) y *National Immigration Law Center* (NILC) pueden ofrecer asistencia o recomendar abogados de inmigración calificados.

Law School Clinics. Algunas facultades de derecho tienen clínicas legales que proporcionan servicios de inmigración gratuitos o a bajo costo. Además, pueden brindar acceso a abogados que están supervisando casos.

Revisión de comentarios y clasificaciones en línea

Directorios legales en línea. Sitios como *Avvo, Martindale-Hubbell* y *FindLaw* ofrecen directorios de abogados donde puede leer reseñas y ver las clasificaciones de los abogados.

Redes profesionales y sociales

LinkedIn. Busque profesionales de inmigración en LinkedIn para ver su experiencia y las recomendaciones de sus colegas y clientes.

Organizaciones *Pro-Bono*

Legal Aid Societies. En algunas circunstancias, las sociedades de ayuda legal pueden ofrecer asistencia gratuita si cumple con ciertos requisitos de ingresos.

 ## Importante

¡Verifique bien!

Cuando busque un abogado, siempre verifique su experiencia, reputación y si ha tenido problemas disciplinarios previos. No dude en programar consultas con varios abogados para comparar sus consejos y tarifas antes de tomar una decisión.

Capítulo 21
DIRECTORIO DE SITIOS WEB Y ORGANIZACIONES ÚTILES

En este capítulo encontrará una lista de **20 sitios web** imprescindibles que pueden consultar aquellas personas que desean aplicar para la residencia permanente (*Green Card*) en Estados Unidos, junto con una breve descripción de cada uno.

Todos estos sitios ofrecen recursos únicos y valiosos que pueden ayudar significativamente en el proceso de aplicar para la residencia permanente en los Estados Unidos, desde el inicio de la solicitud hasta la integración en la sociedad estadounidense. Además, apoyo legal y educativo, y el análisis de políticas y defensa de los derechos de los inmigrantes.

! Importante

Es recomendable consultar **múltiples fuentes** para obtener una comprensión completa del proceso y la información actualizada y precisa.

❶ U.S. Citizenship and Immigration Services (USCIS)

uscis.gov

El sitio web oficial de USCIS es el recurso primordial para obtener información precisa y actualizada sobre el proceso de solicitud de la *Green Card*, formularios necesarios, tarifas y procedimientos de aplicación. Incluye guías detalladas y recursos educativos.

❷ Department of State (DOS)

travel.state.gov

Ofrece información esencial sobre visas de inmigrante, incluyendo el proceso de visa para familiares que desean emigrar a los Estados Unidos, y el Boletín de Visas, que es crucial para quienes están en procesos basados en categorías de preferencia.

❸ National Visa Center (NVC)

Parte de travel.state.gov

El NVC procesa las solicitudes de visas de inmigrante después de ser aprobadas por USCIS y antes de la entrevista en la embajada o consulado. Este sitio es clave para seguir el progreso de su caso de visa de inmigrante.

❹ USA.gov

usa.gov

Proporciona información general sobre ciudadanía, *Green Cards*, trabajo en Estados Unidos, y leyes de inmigración. Es una excelente fuente para entender los derechos y responsabilidades de los residentes permanentes.

❺ American Immigration Lawyers Association (AILA)

aila.org

AILA es una asociación nacional de abogados de inmigración. Ofrece recursos para encontrar abogados especializados en inmigración y materiales educativos que pueden ayudar a comprender el complejo sistema de inmigración de Estados Unidos.

❻ Immigrant Legal Resource Center (ILRC)

ilrc.org

ILRC es una organización sin fines de lucro que ofrece guías y recursos educativos sobre inmigración. Es un recurso valioso para entender los derechos de los inmigrantes y las últimas noticias y cambios en las leyes de inmigración.

❼ National Immigration Law Center (NILC)

nilc.org

NILC se enfoca en los derechos de los inmigrantes de bajos ingresos y proporciona información sobre políticas de inmigración, derechos de los trabajadores inmigrantes, y acceso a la atención médica.

⑧ Boundless

boundless.com

Aunque es un servicio de pago, Boundless ofrece guías detalladas y asistencia personalizada en el proceso de solicitud de la *Green Card*, trabajando junto a abogados de inmigración para facilitar el proceso.

⑨ Immigration Law Help

immigrationlawhelp.org

Un recurso para encontrar servicios legales sin fines de lucro y de bajo costo para personas de bajos ingresos que buscan asistencia en inmigración, incluyendo ayuda con la *Green Card*.

⑩ The Immigrant Learning Center (ILC)

ilctr.org

Ofrece recursos educativos y promueve el entendimiento y respeto hacia los inmigrantes. Aunque su enfoque principal es la educación, provee recursos que pueden ayudar a los inmigrantes a integrarse mejor en la sociedad estadounidense.

⑪ Immigration Advocates Network (IAN)

immigrationadvocates.org

Una colaboración de organizaciones líderes dedicadas a aumentar el acceso a la justicia para inmigrantes de bajos ingresos. Ofrecen un directorio nacional de programas legales y recursos para inmigrantes.

⑫ Catholic Legal Immigration Network, Inc. (CLINIC)

cliniclegal.org

CLINIC apoya una red de agencias de servicios de inmigración católica y otras afiliadas, ofreciendo capacitación, recursos y defensa legal. Es un buen lugar para encontrar asistencia legal y apoyo comunitario.

⑬ American Bar Association (ABA)

americanbar.org

La sección de inmigración de la ABA proporciona recursos

legales, noticias y actualizaciones sobre inmigración. También ofrece un directorio de servicios legales para inmigrantes.

⑭ Migration Policy Institute (MPI)

migrationpolicy.org

Un *think tank* (laboratorio de ideas) independiente que proporciona análisis, datos y políticas sobre inmigración. MPI ofrece una perspectiva profunda sobre tendencias migratorias y políticas que pueden influir en el proceso de inmigración.

⑮ Refugee Processing Center (RPC)

wrapsnet.org

Administra el procesamiento de refugiados para el Departamento de Estado de Estados Unidos. Aunque se enfoca en refugiados, ofrece información relevante sobre procesos de admisión y reasentamiento que pueden interesar a solicitantes de asilo.

⑯ Office of Refugee Resettlement (ORR)

acf.hhs.gov/orr

Proporciona recursos y apoyo a refugiados, asilados, y otros inmigrantes elegibles para asistencia. ORR es una fuente valiosa para entender los servicios disponibles para los recién llegados a Estados Unidos.

⑰ Welcome US

welcome.us

Una plataforma dedicada a empoderar a individuos y organizaciones para acoger y apoyar a nuevos inmigrantes en Estados Unidos, incluyendo recursos y cómo involucrarse en la comunidad.

⑱ National Immigration Forum

immigrationforum.org

Una organización que aboga por el valor de los inmigrantes y la inmigración. Ofrecen recursos educativos y promueven políticas que apoyan una integración exitosa de los inmigrantes en la sociedad estadounidense.

⑲ Informed Immigrant

informedimmigrant.com

Proporciona recursos y guías actualizadas para inmigrantes en Estados Unidos, incluyendo información legal, de salud, educación y más. Es un recurso integral para la comunidad inmigrante.

⑳ American Immigration Council

americanimmigrationcouncil.org

Se dedica a fortalecer a Estados Unidos honrando sus tradiciones inmigratorias y promoviendo políticas y prácticas justas. Ofrecen investigaciones, litigio y comunicación sobre temas de inmigración.

Capítulo 22
RECOMENDACIONES FINALES

Completar formularios y seguir el proceso de solicitud de la *Green Card* es un procedimiento detallado que requiere precisión y atención. A continuación, y como capítulo final de esta guía, podrá encontrar consejos y recomendaciones clave para proceder de manera efectiva. También se incluye un instructivo práctico sobre cómo hacer un seguimiento eficaz de los avances en su solicitud de *Green Card*.

Buenas prácticas al completar formularios y al avanzar en su solicitud de la *Green Card*

La preparación meticulosa y el conocimiento de los procedimientos son esenciales para navegar el proceso de solicitud de la *Green Card* con confianza. Siguiendo estos consejos, aumentará sus posibilidades de solicitud exitosa y minimizará las posibilidades de enfrentar retrasos o denegaciones.

● **Comprensión de los requisitos de elegibilidad**

Cada categoría de *Green Card* tiene criterios únicos. Comprender estos criterios le ayudará a determinar si califica para la categoría específica bajo la cual está aplicando.

○ Investigue detalladamente sobre las categorías de *Green Card* disponibles, como la basada en el empleo, familia, asilo, entre otras, y revise los criterios de elegibilidad en el sitio web de USCIS (uscis.gov/es) o consulte con un abogado especializado en inmigración.

● **Uso de formularios correctos**

Utilizar el formulario incorrecto puede derivar en el rechazo de su solicitud.

○ Verifique y descargue siempre los formularios más recientes directamente del sitio web de USCIS para asegurarse de que está utilizando la versión actual.

● **Instrucciones de llenado**

Las instrucciones específicas de cada formulario guían en la respuesta adecuada a cada pregunta y en qué documentos de soporte adjuntar.

○ Lea completamente las instrucciones antes de comenzar a llenar el formulario y sígalas al pie de la letra.

● **Precisión y honestidad**

La precisión es crucial para evitar retrasos, mientras que la honestidad es esencial para evitar la negación de la solicitud o sanciones legales por fraude.

○ Revise minuciosamente su aplicación para asegurarse de que toda la información proporcionada sea correcta y completa. Nunca proporcione información falsa o documentos fraudulentos.

● **Documentación de apoyo**

Los documentos de soporte son fundamentales para probar su elegibilidad.

○ Organice y presente todos los documentos requeridos según las instrucciones de USCIS, incluyendo certificados de nacimiento, matrimonio, documentos financieros, entre otros.

Traducciones certificadas

USCIS requiere que todos los documentos en un idioma extranjero estén acompañados de una traducción completa y precisa en inglés.

○ Asegúrese de que un traductor competente certifique las traducciones, garantizando su habilidad en ambos idiomas y la precisión del texto traducido.

Revisión cuidadosa

Una revisión cuidadosa puede permitirle identificar y corregir errores que, de otro modo, podrían retrasar su solicitud.

○ Revise su solicitud varias veces y considere tener una segunda opinión por parte de un profesional legal para asegurarse de que todo esté en orden.

Copias y registros

Mantener un registro completo de su solicitud y la correspondencia con USCIS le ayuda a rastrear el progreso de su caso.

○ Guarde en una carpeta las copias de todos los formularios y documentos enviados, así como de los recibos de entrega y correspondencia de USCIS.

Seguimiento de fechas y plazos

Cumplir con los plazos es indispensable para mantener su solicitud en curso y evitar el retraso o la negación.

○ Marque en un calendario todas las fechas importantes, como la presentación de formularios y las fechas límite para la presentación de documentos adicionales.

Preparación para la entrevista

La entrevista es una etapa decisiva en la que un oficial de USCIS evaluará su solicitud y autenticidad.

○ Prepárese revisando su solicitud y practicando respuestas a posibles preguntas sobre su caso y su vida en Estados Unidos.

● **Consideraciones especiales para militares**

Los miembros militares y sus familias pueden tener acceso a procesos y procedimientos acelerados.

○ Investigue si existen vías de inmigración especiales para militares y asegúrese de mencionar su servicio o el de su familiar cuando aplique.

● **Asesoría legal**

La ley de inmigración es compleja y un asesoramiento legal competente puede ser crucial para el éxito de su solicitud.

○ Considere contratar a un abogado de inmigración que pueda guiarlo a través del proceso, preparar la documentación y representarlo ante USCIS.

● **Información actualizada**

Las leyes, políticas y procedimientos de inmigración pueden cambiar.

○ Manténgase actualizado con las últimas noticias y cambios en la ley de inmigración suscribiéndose a alertas de USCIS o consultando regularmente su sitio web.

● **Paciencia y persistencia**

El proceso de solicitud de la *Green Card* puede ser largo y, a veces, frustrante.

○ Mantenga una actitud positiva, sea paciente y persistente, y no dude en buscar apoyo cuando lo necesite.

10 pasos para hacer un seguimiento eficaz a los avances en su solicitud de *Green Card*

Para hacer seguimiento de una solicitud de residencia permanente (*Green Card*) a través del sistema de USCIS, se detallan a continuación algunas recomendaciones y consejos útiles.

1 Verifique el estatus en línea

Use el sistema de verificación de estatus en línea de USCIS ingresando su número de recibo, que se encuentra en las notificaciones que USCIS le ha enviado. Visite egov.uscis.gov/

2 Cree una cuenta en USCIS

Regístrese para obtener una cuenta en el sitio web de USCIS. Esto le permite obtener actualizaciones más detalladas y gestionar sus casos de manera más eficiente. Visite uscis.gov/es y escriba en el buscador. "Cómo crear una cuenta de USCIS en línea".

3 Configure alertas de email y texto

Dentro de su cuenta de USCIS, puede optar por recibir notificaciones automáticas por email o mensaje de texto cada vez que haya una actualización en su caso.

4 Guarde todos los documentos y correspondencia

Mantenga una carpeta, física o digital, con todos los documentos relacionados con su aplicación y cualquier correspondencia de USCIS. Esto incluye su número de recibo y todas las notificaciones.

5 Anote fechas clave

Registre las fechas de todas las etapas de su solicitud, incluyendo cuándo envió su solicitud, cuándo recibió acuse de recibo, y cualquier fecha límite para acciones adicionales.

6 Comprenda los tiempos de procesamiento

Consulte los tiempos de procesamiento en el sitio web de USCIS para tener una idea de cuánto tiempo podría tardar su caso basado en su tipo de formulario y el centro de servicio o la oficina de campo que lo está procesando.

7 No dude en llamar

Si el sistema en línea no proporciona suficiente información o si su caso está tomando más tiempo de lo usual, contacte al Centro de Contacto de USCIS para obtener más detalles.

RESIDENCIA AMERICANA

Desde dentro de los Estados Unidos llame al 800-375-5283. Si tiene discapacidades auditivas, llame al 800-767-1833. El USCIS recomienda tener su número de recibo a mano cuando llame.

⑧ Utilice la herramienta Emma

Emma es una herramienta virtual de asistencia en el sitio web de USCIS. Puede ayudarle con preguntas generales y guiarlo sobre cómo hacer seguimiento de su caso.

⑨ Actualice su información de contacto

Asegúrese de que USCIS tenga su información de contacto más reciente. Cualquier cambio de dirección se debe informar a USCIS a través del Formulario AR-11.

⑩ Consulte a un abogado de inmigración

Si tiene preocupaciones o si su caso encuentra obstáculos, le resultará muy útil buscar la asistencia de un abogado de inmigración.

Mensaje al lector

Llegar al final de esta guía es un momento significativo. Usted ha recorrido un camino lleno de formularios, requisitos y esperas; un camino que muchos han transitado antes que usted, cada uno con sus sueños y esperanzas en el horizonte.

Quizás hubo días en los que sintió que el proceso era interminable, momentos en que la complejidad de un formulario o la espera de una respuesta parecían obstáculos insuperables. Pero aquí está, perseverando, avanzando paso a paso hacia un futuro que ha elegido con valentía y determinación.

Este proceso de obtener la *Green Card* no es solo una prueba de paciencia, sino un testimonio de su fortaleza y su deseo de forjar una vida mejor. Es un recordatorio de que los grandes cambios en la vida requieren tiempo y esfuerzo, y que cada pequeña victoria en este camino es una razón para celebrar. No olvide que detrás de cada número de recibo y de cada cita está su historia única, sus razones personales para emprender este viaje.

Usted no está solo. Aunque el camino puede ser suyo, lo comparte con miles de personas que, como usted, están buscando un nuevo comienzo. Y mientras usted espera, recuerde que está construyendo un puente hacia su futuro, un futuro que se merece y por el cual está trabajando duro.

Manténgase fuerte y esperanzado. Y cuando finalmente tenga esa *Green Card* en mano, mire hacia atrás en este viaje no solo la serie de procedimientos legales, sino también el camino que lo llevó a alcanzar un hito importante en su vida.

Mucha suerte y éxitos en su solicitud. Que este sea solo el comienzo de muchas alegrías y logros en su vida en los Estados Unidos. Usted está a punto de abrazar un nuevo capítulo. Su coraje y su esfuerzo lo hicieron posible. No lo olvide.

¡Adelante, con fe y con el corazón lleno de esperanza!